名师工程
《基础教育课程》丛书

教育部基础教育课程教材发展中心
《基础教育课程》杂志社组编

基于核心素养的项目式学习

总 主 编　付宜红
本册主编　李文辉

西南大学出版社
国家一级出版社 全国百佳图书出版单位

图书在版编目（CIP）数据

　　基于核心素养的项目式学习 /李文辉主编. — 重庆：
西南大学出版社，2022.6（2024.3 重印）
　　（名师工程）
　　ISBN 978-7-5697-1501-9

　　Ⅰ.①基… 　Ⅱ.①李… 　　Ⅲ.①中小学－教学法－研究
Ⅳ.①G632.4

　　中国版本图书馆 CIP 数据核字（2022）第 088511 号

基于核心素养的项目式学习
JIYU HEXIN SUYANG DE XIANGMUSHI XUEXI
李文辉　主编

责任编辑：杜珍辉　　鲁　欣
责任校对：刘欣鑫
出版发行：西南大学出版社（原西南师范大学出版社）
　　　　　　地址：重庆市北碚区天生路 2 号
　　　　　　邮编：400715　市场营销部电话：023-68868624
　　　　　　网址：http://www.xdcbs.com
经　　销：新华书店
印　　刷：重庆市国丰印务有限责任公司
幅面尺寸：170 mm×240 mm
印　　张：12.75
字　　数：250 千字
版　　次：2022 年 6 月　第 1 版
印　　次：2024 年 3 月　第 2 次印刷
书　　号：ISBN 978-7-5697-1501-9

定　　价：52.00 元

foreword 序

　　本丛书是由教育部基础教育课程教材发展中心《基础教育课程》杂志社策划编辑的系列教师读本。丛书中提炼的主题以及精选的文章聚焦当前教育重点、热点话题，体现了《基础教育课程》杂志的办刊理念，浓缩了《基础教育课程》杂志近年来的出刊精华，汇聚了全国一流专家学者、特级教师，以及教育行政、教研人员的科研成果与实践智慧。

　　课程是国家意志的体现，基础教育课程承载着国家对人才培养的目标、期盼与路径设计。2004年，由教育部主管、教育部基础教育课程教材发展中心主办的《基础教育课程》杂志创刊，国务院前副总理李岚清同志亲笔题写刊名。当时的杂志从教育部为各课程改革实验区编发的《基础教育课程改革通讯》改编而来。十几年来，杂志秉承"专业引领、服务实践"的办刊理念，以全面贯彻新时期党和国家教育方针，坚守素质教育阵地，弘扬课程改革主旋律，落实立德树人根本任务为宗旨，聚焦基础教育课程改革的推进，记录、跟踪基础教育课程改革发展历程，权威发布并深度解读国家基础教育改革及课程教材建设相关政策文件，提炼报道地方及学校改革经验和动态，宣传推广基础教育课程教材、教学教研及评价领域最新成果。如今，

《基础教育课程》杂志已成为国内一流的课程教学专业期刊，是国家课程教材专业研究机构——课程教材研究所指定期刊，全国中文核心期刊，中国人民大学复印报刊资料重要转载来源，为中国核心期刊（遴选）数据库、中国学术期刊网络出版总库全文收录。

近年来，《基础教育课程》杂志聚焦教育部主责主业，依托国家教材委员会，教育部基础教育课程教材专家咨询委员会，国家课程方案、各学科课程标准以及中高考命题改革等权威专家力量，在学生核心素养发展、国家课程方案、课程标准、新教材解读以及教学研究、考试评价制度改革、深度学习教学改进、高中育人模式变革等方面做了系列重点报道，已成为地方、学校执行国家课程方案，探索育人模式变革，落实立德树人根本任务的高端交流与展示平台。为使期刊近年来策划组织的相关重大选题和文章发挥更大的辐射作用，在西南大学出版社的支持下，我们策划编撰了此丛书。

此丛书共有两个系列，分别是"基于核心素养的新时代课程建设系列"和"基于核心素养的教学改进系列"。"基于核心素养的新时代课程建设系列"包含《新时代的劳动教育》《新时代的校本课程建设》《新时代的主题教育课程》和《新时代的教研工作》四个分册。"基于核心素养的教学改进系列"涵盖《基于核心素养教学改进的落地导引》《基于核心素养的大单元和大概念教学》《基于核心素养的深度学习》《基于核心素养的项目式学习》《基于核心素养的跨学科学习》《基于核心素养的任务驱动与问题解决式学习》及《基于核心素养、着眼未来的学习》等热点教学策略。此外，"基于核心素养的教学改进系列"还聚焦普通高中新课程标准（2017年版2020年修订）和新高考，涉及语文、数学、英语、思想政治、历史、地理、物理、化学、生物学9个学科的新课标、新教材及其对应的新教学策略与教学设计和考试评价等内容。

有别于名家、名师的个人专著，本丛书具有作者众多，研究视角多样，案例丰富、典型，特别是导向前瞻，既有理论指导性又有实践可操作性等鲜明特点，希望能为广大教师在落实立德树人根本任务，构建"五育"并举的学校课程体系，开展基于核心素养的教学以及探索新中高考改革的路上提供切实的引导与帮助！

《基础教育课程》杂志社主编　付宜红

Preface 前 言

　　项目式学习（Project-Based Learning）在中国正呈现方兴未艾的态势。2019 年 6 月中共中央、国务院印发《关于深化教育教学改革全面提高义务教育质量的意见》提出要"探索基于学科的课程综合化教学，开展研究型、项目化、合作式学习"。不论是巴克教育研究所提出的项目化学习的"黄金准则"，还是卢卡斯教育研究提出的"严谨标准"，项目化学习均强调真实性，深度与持续性，社会互动性（发言、反思、批判）等。这些项目化学习的目标和准则正在中国教育场域中被逐步实践并深化。那么项目式学习的中国建构需要注意哪些问题？我们本土化的项目式学习教育实践有哪些应为和作为？项目式学习应注意哪些问题呢？

　　首先，项目式学习的项目内容应该指向深度思考。现有的项目式学习开展固然指向了学生日常生活、学科知识相关的现象或话题，具有积极意义，但对日常现象的关注多停留于浅层，具有深切、深度反思和理解的项目还比较少。特别是对于人类社会普遍关切的前沿议题关注较少，这需要引起我们的重视。我们既需要脚踏实地，也需要仰望星空，需要思考人类面临的困境、机遇与挑战，需要思考重大的社会性、科学性议题。因此，项目式学习应立足现实性、延续性、深度性和前瞻性，为人才培养奠定坚实基础。

　　其次，项目式学习的项目实施应注重对学生好奇心的呵护，注重兴趣驱动与迎接挑战。习近平曾指出："好奇心是人的天性，对科学兴趣的引导和培养要从娃娃抓起。"任何项目或科学技术的深度探索和突破都离不开研究者的兴趣驱动，在实施项目式学习过程中应注重兴趣驱动，变"要我做""要我学"为"我要做""做中学"，持续推进项目的深入实施。另外，具有一定的挑战性也是项目式学习的目标所指。不能为了"呵护"兴趣而一味地"迁就"学生，使项目式学习停留于聆听、理解等浅层思考层面，应进一步指向问题解决，在兼顾兴趣的基础上有效"拔高"，促进挑战性问题的解决。

最后，项目式学习的项目结果应指向"产品"，应注重其中创新价值的体现。"产品"并不仅仅局限于某种物品，还是创造力的外在表现，是学习最终成果的体现。在国际比较中，我们发现我国学生在问题解决、创造力方面存在不足。当然，创造性的问题解决很难通过传统的讲授这一教学方法习得，我们学生的合作能力始终是我国基础教育课程改革的重点和难点，这些客观情况让创造性的问题解决能力显得弥足珍贵。而项目化学习为提升学生创造性问题解决能力提供了可能性，我们期望通过学生的合作学习、深入的社会性互动进一步彰显学生的创造性，并以合适的形式呈现出研究成果。

为落实好当前新课标、新教材、新教学、新评价以及对教师的新要求，《基础教育课程》杂志走访课改名家，征集一线优秀学科教研员、特级教师等的科研与教学成果，刊发介绍了大量针对项目式学习研究与实践的文章。本书遴选其中精华部分，精心编排，奉献给读者。

全书共分三个部分。第一部分："核心素养与项目式学习"，主要介绍核心素养与项目式学习之间的关联，阐述了项目式学习可以促使核心素养落地的积极意义，涉及取向与方式、操作环节、高质量的项目设计等内容，是全书的引领章节。

第二部分："什么是项目式学习"，这一章主要包括项目式学习的概念、合作学习、评价和国外经验借鉴。涉及项目式学习的概念辨识、核心要素、定位、保障、启示，项目式学习中合作学习的建构原则、优化策略、实践范式，项目式学习中表现性评价的设计、非纸笔测评以及美国中小学项目式学习的问题、改进与借鉴等内容。本章注重从理论层面进行思想引领。

第三部分："项目式学习的学科实践"，从学科和跨学科两个角度展示了项目式学习实施的案例。其中涉及思想政治、语文、数学、英语、物理、化学、地理、信息技术等学科，呈现了"宝贝市集""一站一成都""奔跑吧，小鸡""未来学校设计""动物园保护区项目"等跨学科案例，为项目式学习的学科实践提供参考。

本书的编排力求理论与实践相结合，全方面呈现项目式学习的新发展、新思考、新实践，既有理论内涵的介绍与剖析，又有实践应用的策略与方法，期待能够为促进广大教师的教学实践提供参考。

李文辉

2021 年 9 月

Contents 目 录

第一章　核心素养与项目式学习

让"科学精神"和"实践创新"素养落地 / 李文辉　1
项目式学习：培育核心素养的重要途径 / 贺　慧　张　燕　林　敏　4

第二章　什么是项目式学习

从"问题"到"产品"：项目式学习的再认识 / 胡佳怡　8
在项目学习课程实践中聚焦学习 / 胡　昕　16
项目化学习中合作学习的策略研究 / 谢宇松　23
项目式学习中表现性评价的设计 / 沈启正　29
"项目式学评"带动学校评价方式变革
　　——以杭州市小学低段非纸笔测评实践为例 / 朱秋蓉　41
美国中小学项目式学习：问题、改进与借鉴 / 王淑娟　47

第三章　项目式学习的学科实践

第一节　项目式学习的学科实施策略 / 58
思想政治学科项目化学习设计 / 胡勤涌　李　静　58

项目学习：创建有意义的学习过程

　　——以《品德与社会》"学会创造"主题学习为例 /

　　匡楷文　周　玲　68

高中"公民政治生活"的项目化实施 / 钱剑波　甘全军　73

项目学习：提升学生语文素养的有效学习方式 / 吴素荣　78

高中语文项目化学习设计探究 / 张学明　84

基于项目式学习的"当代文化参与"实践探究

　　——以高中语文统编教材必修上册《家乡文化生活》为例 /

　　朱再枝　何章宝　90

数学项目学习：测量高度 / 薛红霞　贾凤梅　97

指向高阶思维的英语项目化学习研究 / 李会民　代建军　107

基于项目视角的高中物理学习单元设计 / 余华云　谢菁菁　115

物理综合实践活动的目标指向与项目特征 / 骆　波　124

指向素养发展的项目式学习教学

　　——以"可燃冰资源开发和利用"为例 /

　　康永明　陈　颖　汪美荣　131

指向核心素养养成的项目教学

　　——以地理学科为例 / 程　菊　王万燕　139

在问题解决中提升信息素养

　　——问题解决视角下VB程序的项目式教学探究 / 胡　晔　147

基于项目化学习的高中地理实践活动设计与实施

　　——以"福州市上下杭旅游开发条件探究"为例 /

　　朱枭雄　刘恭祥　155

第二节　项目式学习的跨学科实施策略 / 165

以项目式学习促学生高阶思维发展

　　——"宝贝市集"探究项目的设计与实施 / 梁伟虹　熊应龙　165

"一站一成都"

　　——四川省成都市东光实验小学项目式学习案例分析 /

　　杨　莉　姜雪燕　王　慧　170

项目统整视野下班本课程的美第奇效应

　　——以三年级班本课程"奔跑吧，小鸡"为例 / 陈　益　175

"未来学校设计"项目式学习的师生实践 / 罗晓航　吴舒意　王冀艳　183

从"动物园保护区项目"看澳大利亚跨学科教育的推进 / 方凌雁　188

第一章

核心素养与项目式学习

让"科学精神"和"实践创新"素养落地

李文辉 [①]

　　培养学生研究方法。"最有价值的知识是关于方法的知识",学科研究方法的培养不能依靠于教师的演示或灌输,也不是简单地将既定的方法告知学生让其验证。有效的研究方法训练应该以学生为主体,放手让其探究、验证、归纳、分析,教师在其中起到引导、指导等作用。当然,学生的研究并不是零起点,而应以已经掌握的、基本的科学原理和方法作为重要基础,做知识和方法的有效迁移,在合理假设的基础上,运用科学的思维方式认识新事物、解决新问题。在项目式学习过程中,已经掌握了什么?需要探究什么?如何去进行科学探究?这是学生在过程中应该注重的,这些内容都是研究方法训练的重要组成部分。教师也应该明晰,研究方法训练是项目式学习的根本任务,指向学生核心素养和学科核心素养的培育。

　　培养学生问题意识。富有挑战性的、真实的问题是项目式学习的起点,是整个学习过程所围绕的核心议题。项目式学习中的起始问题应该是一个基于大概念,现实生活环境存在的、需要解决的问题。这些问题首先要具有鲜

① 李文辉,教育部基础教育课程教材发展中心、课程教材研究所博士后。

明的情境性，是真实的，是有意义的。其次，问题要符合学生的认知水平，是与学生的生活和学习密切相关的，是能够引发学生强烈学习兴趣的，是具有一定挑战性的。再次，这些问题要具有可持续研究性，是需要学生反复考量、调研、分析的，是持续时间较长的，需要投入大量精力完成的。爱因斯坦说过："提出一个问题往往比解决一个问题更重要。"教师在实施项目式学习时，要对下发给学生的研究问题进行反复斟酌，选择出既与学科学习相关，又能激发学生学习兴趣的好问题。这些问题在项目式学习实施过程中会逐步内化为学生的问题意识，问题意识一旦形成，对于学生来说是终身受益的。

培养学生探究精神。习近平曾指出："好奇心是人的天性，对科学兴趣的引导和培养要从娃娃抓起。"学科知识探究的驱动力显然不可能光靠升学或分数，问题的发现、提出、研究必然依靠的是学科兴趣的驱动。项目式学习实施过程中，探究精神是伴随始终的。研究问题的好奇心能否持续？能否不断完成自我激励？面对无法解决的问题，能否坚持不懈去探究？能否大胆尝试去解决？能否寻求多种方法解决？这些问题的肯定回答都需要学生探究精神的支撑。探究精神的培养首先要建立在学生的好奇心和想象力基础之上，要精心呵护、适时引导学生的好奇心，将学生的好奇心逐步转换为探究的动力。其次要结合学生的元认知和自我控制来培养学生的探究精神，要引导学生建立起对自我的客观认知，要激发学生迎难而上的拼搏精神，引导学生逐渐完成自我激励、自我控制、自我调节。

培养学生合作能力。群体的合作方法、能力、精神的培养始终是我国基础教育课程改革的重点和难点。由于我们的学习和考试文化是以个体发展为基础的，缺乏对合作方法、能力、意识等方面的训练，致使我们的学生不懂得合作的重要性，不懂合作、不会合作、不善于合作。在项目式学习过程中，分工、协调进度、协作等都需要团队来完成，以发挥 1+1 > 2 的功用。首先，合作不仅仅是简单的分工，更要注重协同。如何发挥成员各自的优势？如何在面对问题时集思广益？如何形成有效的解决方案？解决这些问题需要团队成员在充分发挥个性的同时，注重团队协作，找出最佳策略。其次，合作是以成员个性发展为基础的，如何在协作的同时充分发挥每个成员的功用，使其个性得到充分展示，也是重要的合作能力训练。

培养学生综合素养。面对现实问题，学生要想顺利解决问题，需要的不仅仅是单一学科的知识和能力，也不仅仅是靠单一方面的能力或素养，需要的是综合素养。项目式学习的本质是小型研究、微研究，是遵循研究逻辑的实践研究行为，是大学论文研究逻辑在中小学的预演和训练。研究的过程本身就是综合素养的体现，涉及概念辨析、问题定义、问题解决路径分析、构建和假设、资料收集、独立学习和概括总结展示等过程，这些学习过程的开展需要学生调动综合素养来参与到收集、查阅、沟通、交流、展示等活动中。此外，在问题解决的过程中需要运用到多种学科知识和素养。我们知道社会现实问题通常都是复合问题，其中涉及多种学科，想要进行有效的分析和解决，需要调动多学科复合知识来进行全方位的分析。因此项目式学习应以培养学生综合素养为目的。

项目式学习：培育核心素养的重要途径

贺 慧① 张 燕② 林 敏③

核心素养强调对学生关键能力、必备品格和价值观念的培育，深度学习因其更加强调关注学科本质、知识的迁移力和实践创造力等这些衡量学生核心素养发展的重要指标而成为实现核心素养发展的重要渠道。那么，什么样的学习方式通向学生的深度学习呢？我们认为项目式学习是一条重要途径。

一、项目式学习：深度学习的一种实践模式

尽管人们对于深度学习的内涵界定在角度、方法，尤其是侧重点上各不相同，但综合起来，学者普遍认同深度学习拥有以下几个基本特质：一是深层动机。不可否认，深度学习涉及的是深层的学习动机而不是浅层的学习动机，是内在的学习动机而不是外在的学习动机。可以说，深层动机是深度学习的第一特质。二是切身体验与高阶思维。无论是知识的深度建构，还是问题的成功解决，抑或是自我的反省认知，深度学习在过程质量上都涉及切身体验和高阶思维两个基本特质。其中，切身体验指向学生的感受与观察、实践与操作和感悟与体会；高阶思维指向学生更为深刻的反思思维与批判思维、更为综合的整体思维与辩证思维和更为灵活的实践思维与创新思维。三是深度理解与实践创新。从结果质量上看，深度学习集中指向两个基本特质：深度理解和实践创新。其中，深度理解指向学生对事物或知识本质的理解、对事物或知识意义的理解和对自我生命意义的理解；实践创新指向学生的问题解决能力，包括迁移运用能力和融合创新能力。

在促进学生深度学习的学习方式中，项目式学习无疑是其中较为有效的

---

① 贺慧，四川省成都市锦江区教师进修学校副校长，中小学正高级教师。
② 张燕，四川师范大学教育科学学院硕士。
③ 林敏，四川省南部县王家镇小学教师。

一种实践模式，是引导学生在问题解决中开展深度学习的一种有益尝试。

项目式学习以完成真实的事情或任务为目标，旨在促成学生学习状态、学习内容、学习方式以及学习结果等方面的变革。在学习状态上，项目式学习要求学生从被动的接受者转向积极的探索者，从被动参与到主动参与，真正激发学生的内源性动机。在学习内容上，项目式学习的价值在于围绕一个富有挑战性的主题，整合学科内甚至是跨学科的学习内容，促进学生综合理解，实现学生的综合发展。在学习方式上，项目式学习要求改变以往以知识传授为主线的教学方式，用更真实、更综合的项目引导学生展开学习，让学生在问题解决中实现学用合一。在学习结果上，项目式学习强调学生的实践创新，让学生在探究与创作中形成一定的作品，如建立模型、设计方案、创编话剧等。[1] 由此可知，项目式学习具有内源性、整合性、实践性以及创生性，而这四大特性恰好是深度学习的本质之所在。

二、核心素养导向的项目式学习实践

项目式学习作为一种新型的学习方式，能够较为有效地促进学生的深度学习和核心素养养成，但是在实践过程中也会给教师带来诸多挑战。为了将项目式学习有效地落实于课堂教学之中，我们需要对项目式学习的类型、操作过程、设计方法有一个基本的把握。

（一）类型：项目式学习的取向与方式

项目式学习以解决问题为根本目标，内容上强调完成真实的事项，例如，策划、组织、设计、调研、创作等，其基本方式为设计学习，最终要产生具有设计性的作品和产品。依照项目所涉及的领域和来源，可将项目式学习分为生活取向类、儿童取向类以及学科取向类三种类型。其中，生活取向类主要是基于社会生活中的实际问题而展开的项目式学习；儿童取向类主要是基于儿童普遍感兴趣的问题而展开的项目式学习；学科取向类主要是依托某个学科问题，进而围绕一个更具综合性、实践性和开放性的问题展开的项目式学习。根据实践方式，项目式学习可以分为调研类、实验类、设计类以及实作类四种类型。其中，调研类项目要求学生运用各种调查方式搜集客观信息，

并对客观信息进行研究与分析，从表层调查到深究内因，如让学生调查超市中商品的销售状况、小区车位紧张的原因等。实验类项目旨在让学生运用所学知识检验某种科学理论或假设，进而探索其存在的合理性，如让学生验证风的存在、探索影子的变化等。设计类项目要求学生按照一定的目的意图制定方案、模型等，如让学生设计当地旅游路线方案、建立一个定位同学座位的模型等。实作类项目强调学生的操作和动手能力，让学生在实践中创生作品，如让学生制作一个简易的智能火车、创编花样跳绳等。以上四种项目实践类型并非简单的并列组合，而是一种层级不断加深、对学生的综合素养要求不断提高的关系，力求让学生实现从简单的知识运用到实践创生，从单一的知识建构到社会身份建构的过渡。

（二）过程：项目式学习的操作环节

基于项目的学习是一种以学习、研究学科的概念及原理为中心，基于一个挑战性的真实难题，学习者以小组的形式，通过亲自制定计划、调研、查阅文献、收集资料、分析研究等活动，在一定的时间内解决一系列相互关联的问题，并将学习过程以产品的方式呈现出来的学习方式。[2]因此，项目式学习的操作过程可以概括为五个步骤：提出项目、分析项目、设计项目、执行项目以及评价项目。以小学科学课"制作纸板游戏机"为例。第一步，提出项目。根据要研究的关键性问题，以学生感兴趣的游戏为生发点，将项目锁定为"制作纸板游戏机"。第二步，分析项目。在项目分析过程中引出单元问题：要制作纸板游戏机，需要学习哪些相关知识？例如，制作游戏机需要用到几种简单机械：杠杆、轮轴、滑轮、斜面等，并简单讲述机械帮助人类省力的原理。第三步，设计项目。这一部分需要制定详细的项目计划，并确定项目团队。在将总项目分解成若干子任务的基础上，学生利用纸盒和几种机械开始设计草图，构想出制作思路。第四步，执行项目。学生按照设计的草图制作游戏机，教师适时介入，帮助学生将设计合理化、可视化。第五步，评价项目。一方面，学生将最终设计的纸板游戏机进行展示汇报，并根据一定的标准进行同伴互评；另一方面，教师应在此基础之上引导学生总结所用知识，归纳设计思路，以便更好地完善作品。

（三）前提：高质量的项目设计

高质量的项目设计是实现深度学习的重要前提和基础。教师在日常教学中如何设计具有高质量的项目呢？

首先，高质量的项目设计应当满足三个标准：妙、活、合。其中，"妙"即精妙、巧妙。一个设计精妙的项目既能触发学生的深层动机又能深入知识本质、抓住目标内核。"活"即鲜活、灵活。项目设计应该回归学生的实际生活，让学生在生活中寻找项目原型。"合"即综合、整合。项目设计应当体现学科内部以及不同学科间的交叉与融合，从而实现学生的整体建构。

其次，高质量的项目设计应当体现三个特征：真实性、探究性与实践性。"学用合一"是项目式学习的核心，学生在真实的、具有探究意义的项目中进行学习，在问题解决过程中寻求对项目以及自我的整体理解，从而实现在理解中实践，在实践中创生。

再次，高质量的项目设计应当遵循四个步骤，即锁定核心目标—明确核心知识—设计核心问题—生成学习项目。

参考文献：

[1] 李松林.基于深度学习的课堂变革［J］.四川教育，2018（1）：21-22.

[2] 贺慧，吉萍.项目驱动研学旅行的内涵及策略［J］.教育科学论坛，2018（14）：

18-22.

第二章

什么是项目式学习

从"问题"到"产品"：项目式学习的再认识

胡佳怡[①]

一、项目式学习的概念辨识

项目（project）这个概念源于管理学，是指在特定时间内，为了实现与现实相关联的特定目标，把需要解决的问题分解为一系列相互联系的任务，以便群体间可以相互合作，并有效组织和利用相关资源，从而创造出特定产品或提供服务。

项目这个概念被大规模使用，也逐渐被引用到教育学中，产生了基于项目的学习或者项目式学习（Project-Based Learning，PBL）。项目式学习被定义为：一种"教"与"学"的模式，关注的是学科的核心概念和原理，要求学生从事的是问题解决，基于现实世界的探究活动，以及其他的一些有意义的工作，要求学生主动学习并通过制作最终作品的形式来自主完成知识意义的建构，以现实的、学生生成的知识和培养起来的能力为目标。[1]这个概念里面有几个关键要素：首先，项目式学习是一种"教"和"学"的模式，是师

---

① 胡佳怡，北京教育学院教育管理与心理学院博士。

生互动的结果；其次，项目式学习关注的是核心概念和基本原理，而非脱离教学目标之外的东西，从教学的角度来看，是通过知识整合的手段为教师减负，而非额外增加负担；再次，项目式学习中关注的是现实世界中需要实践参与才能解决的问题（problem），而非简单的需要回答的问题（question）；最后，项目式学习需要通过完成作品（product）的方式来实现知识的建构，并且产品的样态是多样的。

在教学实践中，由于项目式学习是一个舶来品，需要教育实践工作者将其本土化，在这一过程中其常会被拿来和以往的教学模式做对比，试图找到某种内在的关联，这样就容易产生概念上的混淆与模糊。在实践中，项目式学习更多被实践工作者与综合实践活动、基于问题的学习、主题式教学相混淆。这里将集中对容易混淆的概念进行澄清。

（一）项目式学习与综合实践活动

综合实践活动强调的是活动，不管是起点还是落脚点，学生都要在参与活动的过程中完成知识的学习和相关体验，以参与性的外显活动为载体，具有综合性和实践性。综合实践活动强调学生能从个体生活、社会生活及与大自然的接触中获得丰富的实践经验，形成并逐步提升对自然、社会和自我之内在联系的整体认识。项目式学习中的活动仅是一个必备要素，强调活动是手段或实现形式；项目中针对要解决的问题，需要设计和布置一系列的任务，随着一系列有逻辑相关性任务的完成，需要解决的问题也就找到了答案。在项目式学习中，情境是很重要的要素。正因为要解决的问题来源于生活，真实情境才是学习发生最高效的环境。情境让问题和学习变得真实，也让学习在体验中真实发生。除此之外，项目式学习的结果要素指向丰富的学习成果，促进学生掌握工作技能，提高合作和学习能力，并运用到终身学习当中。它包括在解决问题的过程中，将技能和策略与计划、实施、监控和评价联系起来，并包括问题解决、设计、决策、充当行家和有价值的评价等环节。项目式学习产生的结果是多方面的，包括学生学会学习的技能和能力（笔记、提问、倾听），在课程设计中将各种主题概念综合起来，将认知、社会、情感和自我调控与现实生活紧密相连。

（二）项目式学习与基于问题的学习

项目式学习和基于问题的学习（Problem-Based Learning，简称 PBL）的简称都是 PBL，不管"P"所代表的是 project 还是 problem，两种教学方式都起始于一个需要解决的问题（problem）。基于问题的学习更加强调的是解决问题过程中研究思维的培养和训练，通过发现与提出问题、提出假设、收集资料、分析归纳资料、形成结论等一系列的思维训练，培养学生的研究思维。而项目式学习与之有共同之处，就是起始于一个需要解决的问题，但是也有差异。在项目式学习中，除了问题外，另一个重要的要素就是最终的产品。产品是项目式学习重要的结果要素，指向起始需要解决的问题，在项目结束后会产生有社会意义的产品，产品的形式和样态是多样的，具体的形式根据要解决的问题而定，包括研究报告、物化的产品、设计方案等。

除了产品这个元素外，项目式学习和基于问题的学习中需要解决的问题也并不是同一种类的。按照类别进行划分，项目式学习中的问题可分为"五何"，包括：由何、是何、为何、如何和若何。"由何"指问题是从哪里来的？在什么背景下产生的？即问题产生和存在的背景知识。"是何"类问题是关于是什么的质疑。"为何"类问题是探寻现象背后的原因，即问"为什么"。"如何"类问题是寻求解决方案类的问题，即"怎么办"。"若何"类问题是最高级别的问题，即假设或如果某种情况发生，会产生怎样的结果。在传统的课堂教学中，多为"由何""是何"和"为何"类的问题，但如果针对学生高级思维的培养和训练，"如何"和"若何"类问题更为有效。"如何"和"若何"类问题更强调在真实情境中的实践经验，在想象和创造的基础上更强调动手参与实践。尤其是"若何"类问题，挑战性很强。比如："如果你是北京市环境保护局局长，你怎样应对空气污染？"这就给学生提供了亲身体验社会角色的机会，在角色扮演中参与社会事务的处理，可提升学生的社会公民意识。在基于问题的学习中，问题主要是"由何""是何"和"为何"类的，更多的是寻找现象背后的原因；而项目式学习更多的是解决"如何"和"若何"类问题，强调在真实情境中通过亲身参与和实践来解决真实问题。

（三）项目式学习与主题式教学

在教学实践中，项目式学习也经常与主题式教学相混淆。主题式教学通常是就一个话题，将相关学科的知识点进行有机汇总，形成零散碎片化知识的整合。主题的来源往往是学生的生活经验，是一些真实的、具体的话题。而与主题式教学不同，项目式学习更多的是就具体的主题，延伸到主题背后的概念，就概念提出具有挑战性的需要解决的问题。项目式学习也会涉及知识的整合，但更多的是在问题解决过程中将所需要的知识进行超学科的整合。

二、项目式学习的核心要素

好的项目式学习得益于一个好的开始——问题。由于项目式学习中的问题通常是需要实践参与解决的，因问题和任务常被混淆。在项目式学习中，问题与任务有相关性，但不完全相同。问题是一个基于大概念、更为抽象的、基于现实生活环境中存在的、需要解决的问题。比如，如果你是学校的校长，如何在校园中为学生建设一个舒适、实用的阅读空间？在问题解决过程中，正是因为问题是抽象的、基于大概念的，在实际操作中就需要将其拆解为一系列需要解决的任务。比如，为学生学习设计一个舒适、实用的图书馆。这就是一个任务。这个宏观的任务可以拆解成几个具体且有操作性的任务：为设计图书馆进行初期调研和实际情况分析、选择合适的材料并设计方案、进行设计方案论证、讨论实际建造环节等。任务是指导学生去做什么，如何去做，目标清晰明确。在项目式学习过程中，问题指向最终的目标，但目标一定是通过完成具体的任务来实现的。

除了问题外，项目式学习的另一个重要特征就是学习的终点是产生有意义的产品。产品一定能够解决最开始的问题，两者相呼应。产品的形式是多样的，可以是有形的，也可以是无形的，如图书馆设计图纸、研究性报告、道路改造模型等，产品通常会具有一定的社会价值及意义，这就映照了项目式学习的社会属性。

在项目式学习从"问题"到"产品"的路径中，六大关键性要素也是正确认识和实践项目式学习的关键。

（一）目标清晰

项目式学习一定是指向清晰明确的目标的，并要求师生要共同完成合理复杂的学习任务。在完成任务的过程中，学生共同参与项目活动，实现交叉学科的学习。根据"课程之父"泰勒的课程设计的目标模式，整个课程设计和实施要依据：目标（为什么教）、内容（教什么）、方法（怎么教）和评价（教的如何）四个部分。作为一种跨学科的课程设计和教学实施方式，项目式学习的流程也依照此目标模式展开。因此，第一个步骤就是确定明确的目标，在目标指引下完成学习任务。这里的目标是由丰富多元的要素构成的，既包括项目实施过程中涉及的学科目标，也包括教育过程中需要达成的育人目标，还包括教师在专业化发展道路上需要完成的阶段性发展目标。

（二）真实或接近真实的问题情境

项目式学习是为了解决真实社会环境中存在的问题，因此就要求在真实或接近真实的情境中展开学习。比如，针对水污染的防治问题，学生需要到实地收集河水，进行水污染的分析，通过实验确定污染源，并提出防治水污染的具体方案，这就是一个在真实的社会问题情境中展开的学习。再比如，在解决全球难民问题时，采用模拟联合国的方式，在接近真实的问题情境中进行学习，通过投票选举来得出解决方案。这种问题情境的创设，让学习更加真实有效，也让知识在实际问题的解决中得到很好的应用。

（三）学生的自主权

在项目式学习中，学生通过解决问题、完成任务来实现自主的学习。其中，学生的自主权不仅仅表现在探索解决问题方案的过程中，更体现在任务完成过程中的时间管理、团队合作方式、学习工具的使用等方面。在项目式学习中，教师通常会根据要解决的问题的难易程度给学生安排长线作业，所谓长线作业需要至少半个月的时间来完成。在这段时间内，学生可以根据自己的学习习惯和进度来制订个性化的学习计划，实现高效的学习。根据要完成的不同任务，学生通常会进行小组合作学习，在小组合作中，如何有效进行分工，小组合作中出现分歧如何处理等问题都需要学生自主解决，这也是培养学生社会交往技能的重要途径。在学习中采用哪些信息技术学习工具，以及如何使用，教师也赋予学生足够的自主权。正是这些可以自由发挥的空间和余地使项目式学习更加个性化，真正把学习的自主权还给了学生。

（四）社会及专业人士资源

项目式学习中的社会问题会涉及多个学科的知识，学校的教师不可能是掌握所有领域知识的全才。因此与传统教授型教学方式不同，教师不再是单纯的知识传授者，更多的是社会资源的提供者和组织者。针对具体需要解决的问题，教师要收集社会在此领域的优质资源，包括物质资料资源、专家资源等，将这些资源进行有效的整合利用，为学生解决问题提供支持和服务。对社会及专业人士资源的有效利用，使得学习的空间和场域得到大幅度扩展，学习不再是被局限在教室范围内的学习。

（五）学习共同体的创建

在项目式学习中，特别需要强调的是学习共同体的力量。正如佐藤学教授倡导的学习共同体，是指积极活跃的学习组织[2]。每个个体在共同体中既是收获者，也是贡献者，这就保证了共同体的有效运转和持续不断的生命力。在项目式学习中，学生之间可以组成积极的学习共同体，教师和学生之间、教师和教师之间同样也可以组成学习共同体，在共同体中，每个个体之间都是平等的关系，这样就实现了组织群体中的高效学习，以及合作的人际关系。

（六）评价

项目式学习的评价方式是就最终的作品或产品进行讨论和分析，评价内容主要针对产品的内涵、价值和社会效益。评价类型是多元的，强调学习开始之前的诊断性评价，贯穿始终的过程性评价和针对结果的终结性评价三者相结合；评价方式是个性化的，通常提倡档案袋评价，即针对学生个体进行个性化的评价，在评价的"档案袋"中记录学生的学习过程、学习记录、学习效果等支持性材料。在项目式学习中，对学生而言，评价的最终目的不是为了分出高下，更多的是为了记录个体的学习过程，以及在个体基础上的学习获得。对教师而言，评价是为了反观教与学的过程，从而促进更好地教。

三、项目式学习中教与学的特征

与传统教学方式不同，项目式学习在教与学的过程中，具有生成与体验两大突出特征。

一是生成。所谓生成，是基于建构主义的理论基础，认为知识是在原有零散的、碎片化的生活经验基础上，将其进行组织和重构，从而形成有序的、成体系的知识获得。生成的概念贯穿项目式学习的始终，从最开始问题的提出，就需要学生在原有生活经验的基础上进行有效的归纳和抽离，提出需要解决的实际问题。在解决问题的过程中，教师提供学习资源，学生将自己的生活体验和零散的学习资料进行加工和重组，形成有意义的问题解决方案，最终获得知识。正是由于学生的经验是个性化的，因此生成的知识也不会完全相同。在项目实施最后的产品设计阶段，更需要学生将项目开展中的知识获得和经验进行重构，从而生成产品。不仅学生在项目式学习中不断地生成知识，教师在项目的设计和推进中也生成对项目式学习设计的认识。通过不同类型项目的开展和实施，教师会获得项目案例的实践经验，在具体零散经验的基础上，重组和有序加工对项目式学习的认识，最终生成对项目式学习课程设计与教学实践方式的高阶理解。

二是体验。项目式学习的另一个重要特征是体验。从真实社会问题的提出开始，就强调学生生活体验的重要性；从真实的体验中归纳出亟待解决的问题，进而设计解决问题的产品。产品的设计也基于真实的体验。比如"如果你是学校的校长，如何在校园中为学生建设一个舒适、实用的阅读空间"这个问题，最终生成的产品是一个舒适、实用的图书馆设计方案。从学生的角度看，舒适实用的图书馆设计理念和设计标准一定是基于自身的阅读体验的。从教育学的角度来看，正如杜威所言，教育更多的是为学生提供真实丰富、有意义的生活体验。这些体验会在未来更好地指导学生在现实世界中的生活[3]。

项目式学习的实践仍在探索中。正是由于其集中了个性化的生成和丰富的体验，这种教与学的模式才独具魅力。

参考文献：

［1］刘景福，钟志贤.基于项目的学习（PBL）模式研究［J］.外国教育研究.2002，29

　　（11）：18-22.

［2］佐藤学.静悄悄的革命：创造活动、合作、反思的综合学习课程［M］.李季湄，

　　译.长春：长春出版社，2003.

［3］李方.教育知识与能力［M］.北京：高等教育出版社，2011.

在项目学习课程实践中聚焦学习

胡　昕 [①]

项目学习（Project-Based Learning）是一种项目研究模式的学习。学生通过选择现实世界中自己关心的问题，在有意义的任务完成过程中，自主地进行知识的建构，进行积极、多元的学习，进而形成交往、自我管理、自主学习等多方面的能力。在目前学校大班额的情况下，校内的学习空间有限，教师多为单学科教学背景，如何重组校内外的各项资源、选择和设计项目学习课程的内容？如何根据学生的不同学习特点组织人人参与的项目学习？项目学习课程的开设会让教师面临哪些变化和挑战？这些问题在探索项目学习课程的实践过程中是要一一面对的。

一、综合性学习：项目学习课程的定位

学校有着什么样的课程，学生就有着什么样的校园生活。合肥市屯溪路小学的办学理念是"博雅教育"，即培养具有知识广博、人格独立、心灵自由的人的教育，"博雅教育"以"博雅课程"作为根本支撑。合肥市屯溪路小学在整合国家课程、地方课程和校本课程的前提下，构建了具有校本化、丰富性、情趣性、延展性和潜在性等特点的较为完整的"博雅课程"体系，包括低年级的主题综合课程，中高年级的"博、雅、趣、情"四个课程模块和覆盖低中高年级的项目学习课程。

项目学习课程的设置旨在解决当前学校课程中学科之间、学科与生活之间内容割裂、缺乏联系与融合的问题。在为期一周的时间里，同年级所有教师围绕一个"项目"与学生共同学习、共同研究真实的问题，学有所用、指向生活，并以此打通既有教材体系与学科界限，也打破原有班级组合和常规

---

① 胡昕，安徽省合肥市屯溪路小学博雅课程研究院院长。

的课程表，在真正意义上让每一位学生都能够身临其境、运用各学科知识，在与同伴的协作交往中开展综合性学习。

二、课程审议：项目学习课程的保障

为了保障项目学习课程的科学与规范开设，学校成立了项目学习课程审议委员会，负责审议各级部项目学习开展的具体方案（表1）。审议委员会成员由项目学习专家、校长、课程研究院成员、级部主任、各年级"项目学习"组长、家教会代表、学生代表组成。审议过程中，审议委员会成员就被审议年级"项目学习"设计的主题、目标、内容、进度的安排，课程内容的知识性、趣味性、实用性以及项目学习课程应遵循的原则等进行提问，与被审议级部的全体教师面对面交流。经过充分讨论，审议委员会成员投票决定被审议年级"项目学习"能否组织开展。同意票数达到60%（含）以上为通过审议，可根据课程设计与实施的建议或意见修订完善后按计划组织课程实施。

表1　合肥市屯溪路小学项目学习课程审议参照表

审议内容	优	良	一般	较差
有意义的主题				
有目标和课纲				
课程是否具有挑战性				
学生在研究过程中是否有自主权				
课程结束后学生是否有高品质的作品				
是否有公开展示				
谁是你的观众（课程结果对他人的生活是否能产生影响）				
课程是否有进度表				
项目学习课程设计的考量：（5A） 1. 学术严谨性；2. 学生自主性；3. 真实性；4. 与成人交往；5. 评价考量				
培养学生21世纪竞争能力：（5C） 1. 解决复杂问题的能力；2. 创造力；3. 与人合作的能力；4. 批判性思维；5. 沟通交流的能力				

三、师生共同学习：项目学习课程的实践

联合国教科文组织在《教育——财富蕴藏其中》中指出：教师既是改革的力量，亦是改革的对象。可以说，有效开展项目学习的关键在于教师。项

目学习课程开启前，教师首先应成为先行的学习者，站在国际视野的角度研究国内外项目学习的成功案例，了解项目学习与教育发展趋势，明确项目学习课程设计需要具备的重要特征。教师角色从课程的执行者转变为课程的研究者，就会带着全新的课程视野步入课程的设计与实施中。

1. 项目学习主题如何选

要确保项目学习能顺利开展，主题的选择非常重要。学生的学习兴趣是项目学习的源头。在主题确定前，根据不同年级学生的年龄特点和兴趣点，学校鼓励学生自主设计研究主题。教师结合学科课程标准和教材的相关内容与学生共同讨论、选择本年级项目学习主题。经过反复酝酿、讨论确定的主题，既是对儿童经验的充分尊重，也是对项目学习课程更全面的认识和思考。最终，一年级项目学习主题"疯狂动物城"选取的是孩子们喜闻乐见的小动物做研究；二年级从孩子们生活中常见的蔬菜入手，确定项目学习主题为"舌尖上的蔬菜"；三年级的学生关注合肥新开通的地铁线路，四年级的学生对合肥的历史遗址感兴趣，确定的主题分别为"地铁探秘"和"畅游三国"；五、六年级的学生对生存环境和自身成长转变的阶段颇有兴趣，项目学习的主题分别为"Rubbish 奇幻漂流"和"我们的毕业季"。

各年级确定的项目学习主题从学生关注的问题出发，既与学生的生活息息相关，又结合了课程与地方特点。共同商定的主题具有吸引力，学生一开始就期待项目学习课程之旅的开启。

2. 项目学习课程学习什么

各年级项目学习的主题不同，学习内容的选择有教材中与之对应的学习内容，也有根据研究需要选取的各种学习资源，所有的课程设计都有对应的课程标准，既有学科目标，也有对应培养学生 21 世纪核心竞争力的素养目标。每个年级的项目学习课程由组长带领核心团队教师和相关专业人士多次讨论，先行策划、拟定项目学习课程总目标和课程纲要（表 2）。

课程纲要确定后，本年级全体教师共创分解任务，2~4 人一组分别运用自己的强项进行学科内和跨学科的课程设置，进而形成项目学习课程手册，

表2 三年级项目学习"探秘地铁"课程纲要

序号	分任务名称	目标	学科领域	对应学科目标	与5A、5C对应	评价考量方式内容	所需支持、资源
1	厉害了，地铁！——地铁成长记	通过"专家进课堂"、观看电影视频、收集资料等方式，了解地铁的起源与发展过程	语文品社	学习、认识、分析社会事物和现象	学术严谨性	小小讲解员：准确性、生动性	网络资源；图书馆；地铁工作人员
2	厉害了，地铁！——生活因你而变	通过比较，认识地铁与其他交通工具的优劣，学会根据需要选择合适的交通工具	科学品社	学会从不同角度观察、认识、分析各种交通工具的优劣	学术严谨性；独立思辨能力	思维导图：准确性、美观性、丰富性	网络资源；图书馆
3	"谜"一样的地铁站——寻找亮点	通过实地考察，说出地铁站中自己最感兴趣的一处设计，并分析这样设计的原因	语文科学	培养观察能力和分析问题的能力	真实性；团队合作能力	创意名片：准确性、创意性、美观性	网络资源；图书馆；实地考察
4	"谜"一样的地铁站——站点美容师	观察合肥地铁一号线的沿路站点环境，为公共区域的一块墙面设计一幅有主题且完整的画	美术体育	1.关注社会生活，亲近与探索家乡的变化；2.培养丰富的想象力和创新能力	真实性；复杂问题解决能力；创新能力	绘画：合作力、想象力、表现力	网络资源；图书馆；实地考察
5	趣味地铁运营——车厢有多大	通过测量、计算、体验、思辨等方式了解地铁的最大载客量是多少	数学科学	1.认识并理解面积概念，学会计算长方形面积；2.探究一列地铁的最大载客量是多少	复杂问题解决能力；独立思辨能力	数字故事：故事性、美观性、艺术性	网络资源；图书馆；实地测量
6	趣味地铁运营——地铁职业秀	通过情境模拟的方式体验地铁运营过程，展示英语报站的技能	英语音乐	感知与体验社会生活	与成人世界联结沟通协调能力	小话剧：仪表，表现力，口语表达能力（普通话、英语）	服装道具

包含项目学习周期间的课程计划、课程内容资料、活动设计、学习单、课程表、教学场地和成果展示的安排，等等。

以表2中展示的三年级项目学习"地铁探秘"课程纲要为例，所有学生根据研究兴趣选择完成关于地铁的一系列学习探究，包括了解地铁起源及发展，认识各城市地铁外形与车厢特点，亲自走进合肥新开通的地铁线进行考察，了解地铁站名的来源，手绘地铁路线图、设计地铁站宣传板、设计地铁票、调查地铁运行班次及科学依据、模拟地铁运营过程、创作地铁文明歌谣等。这些学习活动几乎涵盖了所有的学科领域，比如，调查地铁运行班次及科学依据，需要综合运用数学、科学学科知识；创作地铁文明歌谣需要综合运用语文、音乐素养等。

3. 项目学习课程学生如何学

研究性学习是项目学习最显著的特点。教育的本义是引导。在项目学习中，教师不是高高在上的教学权威，而是学生学习的陪伴者。教师的学习陪伴体现在对项目学习中不同小组、不同学生的学习困境能及时发现，并给予咨询、协调、促进等多方面的帮助。低年级的学生完成学习任务还需要教师搭建不同的学习支架。一年级的教师在项目学习开启之前先亲身经历项目学习课程中"动物照相馆、动物餐厅、动物幼儿园、动物的家、动物博览会"五个任务地点探究，并为学生分别准备范例式、表格式的学习辅助工具。项目学习期间采用导师负责制，原有每个班的学生根据学习选择分为 A、B 两个大组，每组由 2~3 名教师带领在不同的地点和学生一起经历学习的全过程。

二年级学生通过自己种植、画漫画、做泥塑、分组购买、到蔬菜基地现场考察等形式，对"舌尖上的蔬菜"的探究学习有了深度的认知。三年级学生走到地铁站咨询地铁工作人员、分组丈量地铁车厢的尺寸、模拟地铁运营过程等，综合运用了数学、科学等学科知识，从解决实际生活问题角度主动学习和探索。为了筹备六年级的毕业班典礼，策划组的学生主动向老师咨询以往毕业典礼的模式、做法，集思广益，策划班级方案、联系租赁公司、统计预算、设计义演筹集善款，最后齐心协力编排节目。从毕业典礼的创意设计到典礼活动当天的具体安排时间、事项、要求、负责人等，学生都做了周全的考虑并有条不紊地逐步完成，学习自主性得到充分体现。

4. 如何知道学得怎么样

项目学习课程注重培养学生的作品意识，项目学习结束后每个学生的作品也是了解和评价学生学习成果的重要指标。在项目学习课程成果展上，每个学生都展出自己的作品。以四年级"畅游三国"项目学习成果展为例，不同的学生展示的形式不同，有课本剧表演、三国礼仪秀、三国人物脸谱图、历史遗址摄影、三国线路手绘图等，参展的观众有学生、教师、家长、专家和社会人士。成果的展示与交流不仅是给学生梳理、表现的机会，也是相互借鉴学习的过程。

除了作品意识的培养，我们还注重对学生进行项目学习研究的过程性观察，了解学生学习单的完成情况以及学习日志的撰写、作品制作的品质等；注重从学生学习心理变化的角度，了解学生个体的感受，引发他们"我要学"的内在需求和与同伴友好交往、协同共创的积极行为，促进各项目学习小组取得令人满意的项目学习成果。学校还拟定了教师指导项目学习小组探究的自查对照表（表3）和项目学习小组合作反思表（表4），用作教师指导、学生学习过程的自评与互评。

表3 教师指导项目学习小组探究的自查对照表

	教师自查思考	A	B	C	D
1	我有认真检查各组工作进展，帮助小组及时解决冲突并提供指导意见吗				
2	我了解学生学习的实际进度，并鼓励学生采取恰当的方法解决问题了吗				
3	我了解学生在学习中遇到的问题，并给出有效建议了吗				
4	我指导他们记录遇到问题和解决问题的方法，整理相关小组学习资料了吗				
5	我告知小组下次检查的时间和要求了吗				
6	我指导学生如何汇报、展示小组的合作成果了吗				
我的反思					

表4 项目学习小组合作反思表

学生项目学习合作反思问题：
1. 本次的学习任务，我认真参与了吗？
2. 从这次的小组活动中，我学到了什么？
3. 我们小组的合作是否有效？
4. 我们小组的学习质量如何？
5. 哪些地方还可再改进？

学习科学指出，元认知在学习中具有重要作用。学生通过反思不仅能巩固和获取知识，还能更好地掌握学习策略、形成良好的内省能力和人际交往能力，而这正是对"如何学习"的元认知。

四、聚焦学习：项目学习课程的启示

学习与人的心智、情感与人格的发展以及生命质量息息相关。我们无法预测现在的学生未来会从事什么样的工作，需要什么样的技能。但是我们通过创造条件、提供支持，关注学生是如何学习的，学生就可以在学习活动中习得自己的学习力，进而获得可持续的成长力。

重新理解学习。项目学习课程的开设让我们感受到"处处留心皆学习"。良好的情绪对学习的影响深远。一旦学生个体内在的学习动力被激发，就具备了不断自我超越的源源动力。一切事物都是相互联系的，学习可以"无处不在、无时不在"。学习既可以是个性化的行为，也可以通过对话和合作进行。学习是有情境性的，每个人都应成为真正的参与者，专注地学习就像是玩，错误和失败都是学习前进的阶梯。

重新理解教学。在信息传递高速化、科技知识爆炸化的今天，教师的力量体现在哪里？项目学习课程给我们日常的学科教学带来的启示是：聚焦学习，引发学生的深度学习是我们教学的独有价值。另外，课程的开放与内容的丰富，真实问题和学习情境的创设，教师角色的转变、丰富资源的提供、多种形式学习的设计、价值观教育的无痕渗透、立体持续的即时反馈，学生自主积极探究的体验、问题意识的培养和学习方法的习得，思维品质和解决问题、创新能力的提升等，是教师教学中要时刻关注的。教学中如何丰富每一个学生的学习经验，如何促进每一个学生深度学习，也是要反复咀嚼和思考的。

聚焦学习，让教师更关注把真正的学习力、成长力和幸福力带给学生。学生在学习中找到快乐，逐步具备适应终身发展和社会发展需要的必备品格和关键能力，教师也享受到教书育人的快乐。新的学习生态让师生都迸发出新的活力，他们的生命也都在学习中得到滋养与绽放。

项目化学习中合作学习的策略研究

谢宇松 [①]

一、项目化学习中合作学习的建构原则

（一）选择学习任务要考虑必要与可能

在项目化学习中，首先要考虑合作的必要，学习任务是否复杂而有难度？需不需要通过合作完成？其次要考虑合作的可能，学生能否通过分工合作完成学习任务？当某一学习任务开放、复杂、有难度，学生个体无法在规定时间内完成，但可以通过小组合作完成，那么这个学习任务就适合合作学习，反之则不适合。

（二）定位学习目标要瞄准团体与个体

完成项目是项目学习小组的团体目标，完成角色任务是组员的个体目标。只有当每一个组员顺利完成个体目标，才能保证团体目标的完成。同时，只有当团体目标完成，组员的个体目标才算完成。在定位小组合作学习目标时，一方面要明确学习项目的总体要求，另一方面要明确每个组员的角色任务。评价时除了评价小组整体学习情况外，还要根据个体目标完成情况分别评价。

（三）组建学习小组要关注同质与异质

学生在志趣爱好、性格特征、知识基础、能力水平等方面存在同质和异质情况。组建学习小组前，教师要通过观察、调查、检测等方式了解学生的情况。组建项目学习小组时，教师要视实际任务需要组建同质或异质学习小组，必要时组与组之间还可以进行交错搭配。学生之间没有绝对意义的同质，所谓同质小组，或是志趣爱好相似，或是知识基础相同，或是能力水平相近。

---

① 谢宇松，江苏省无锡市新吴区坊前实验小学副校长，高级教师。

（四）组织学习实践要重视分工与协作

责任到人和积极互助是合作学习的两个关键性因素，其表征是分工与协作。分工就是根据学生的喜好与能力进行角色和任务分配，使学习任务具体，个体目标清晰。协作主要指组内或组间分享资源与工具，分享观点与方法，提供建议与帮助。在项目学习中要让学生认识到，每一人既要为自己的学习负责，也要为他人的学习负责，只有这样，才能提高整个项目学习小组的学习效率。

（五）构建学习场域要联结课内与课外

项目化学习中的合作学习要突破"课"的界域，从课内延伸到课外。课堂上，项目学习小组进行研讨、分析、创造、交流、评价等高阶学习；课外，学生个体利用社区、场馆、互联网等，收集相关学习资料、识读理解相关知识等低阶学习，此外还可以利用 QQ、微信等信息化工具进行线上合作学习。这样，课内与课外、线上与线下相互联结起来，形成了优势互补。

（六）设计学习评价要聚焦导向与提升

聚焦导向就是学习评价要引导学生进行合作学习，使学生的合作学习活动、学习成果与学习目标同频共振；聚焦提升就是在评价时要反思个体和整个小组在合作学习中的表现，明确哪些值得肯定，哪些还有待提高，以此来帮助学生构建合作学习的元认知，使学生逐渐学会合作。这就意味着，学习评价设计要先于学习实践，并告知学生评价的具体内容与要求。

二、项目化学习中合作学习的优化策略

（一）创设氛围，让合作学习有温度

创设团结共荣、平等尊重、协作互助、文明有序的合作氛围，可以使合作学习饱含温度，充满凝聚力。在具体操作时，可以：（1）给学习小组起一个很"炫"的名字；（2）确定小组合作的基调，如"我们是友爱的一家人"或者"困难一起扛，成功一起享"等；（3）鼓励小组间的相互竞争。这些方法都可以帮助学习小组创设良好的合作氛围。

（二）教师参与，让合作学习有效度

1. 学前指导

一是明确合作学习的要求，如说到"帮助"时，教师要提醒学生，"学习小组是一个整体，当组员在学习有困难时，大家要相互帮助""帮助不是代替，而是讲解、演示、点拨、指导""那些愿意帮助他人、正确帮助他人的同学会得到奖励"。二是传授和示范合作学习的技能，如项目"桥"中，学生在分享"我感兴趣的桥"时往往缺乏条理，这时教师可以先示范：结合范图，按照"桥的名称→所在位置→造型结构→建造工艺与材料→周围环境→同类桥中的其他代表性桥"的顺序说说"老师感兴趣的拱桥"，帮助学生建立表达的逻辑。

2. 学中点拨

在合作学习中，教师要留意小组合作的过程，当学生出现合作有困难或不合理时应及时点拨。如项目"桥"中有 4 人小组合作做"桥"的任务，合作时往往需要进行二次任务分配。第一次分配，按组员特长分配任务，绘画好的组员绘制桥周围的环境，手工好的组员制作桥面、桥塔等复杂部分，能力相对一般的组员做桥墩等简单部分。当 1~2 名组员完成第一次分配的任务后，就要进行第二次分配，即完成任务的组员去支援还没有完成任务的组员，或接受组装、拼接等新任务。学生在合作时往往缺乏二次分配的意识，这时就需要教师及时点拨，帮助小组进行任务再分配。

3. 学后梳理

学习小结时，教师可以引导学生从"我们是如何分工合作的""我们在合作中遇到了哪些困难，我们是如何解决的""我们在合作时还存在哪些问题"等几个方面进行小结，帮助学生反思合作学习的过程，梳理合作学习的技能，逐渐建构起合作学习的元认知。

（三）运用学习单，让合作学习有深度

学习单的形式主要有以下四种。

1. KWH 学情调查表

在项目化学习中，合作学习学什么？教师不能只凭经验，而是要站在学生的已知点、困惑点和需求点上设计学习任务。在学习之前，运用KWH学情调查表，从"我们已经知道了什么？（know）""我们想知道什么？（what）""我们想运用知识怎样解决问题？（how）"三个方面调查学情，呈现学生的真实问题。教师根据问题有选择地设计学习任务。这样，学生就会带着问题和好奇心主动参与合作学习。

2. 学习评价量规

如何保证学生在正确的轨道上合作学习？在学习前，师生可围绕学习目标和任务协商设计"学习评价量规"，并以评价量规为导向，开展合作学习。"学习评价量规"主要对合作前学习工具的准备、学习资料的收集，合作中分工的合理性、讨论声音的大小、资源与经验的分享、展示时的协作表现，以及小组合作学习的成果等方面提出评价标准。评价时既有对个体表现的评价，也有对小组学习的评价。评判方式采用分值、等级和文字描述等。

3. 自学单

如何让合作学习有深度？教师可以设计"自学单"，内容主要是一些与合作任务相关，让学生通过自学就能领会的知识和1~2个具有挑战性的问题。学生在合作之前先根据"自学单"进行自主学习，通过搜集信息积累知识，通过尝试暴露学习问题。这样，就能为后续的合作学习提供认知基础、合作焦点，提高合作学习中的思维含量。

4. 共学单

如何开展小组合作学习？教师可以围绕合作学习的重点和难点设计"共学单"，利用"共学单"组织小组合作学习。学习时，学生以"共学单"为支架分配角色任务，确定合作方案，围绕"共学单"上罗列的任务有序地进行分析讨论、分工协作，在资源共享与创意分享的基础上，共同完成学习项目。

（四）现场学习，让合作学习有厚度

1. 在现场中合作学习

即把现场作为合作学习的对象、载体和工具。以"学校周边交通问题的研究"为例，研究初期，项目学习小组就需要到学校周边的拥堵道路现场进行分工考察。A学生用手机拍摄现场视频，统计车流量与行人流量；B学生测量道路宽度，估算行人和车辆通过速度；C学生拍摄占用道路的各种现象，统计数量；D学生采访司机、行人、学生、路边商店主和交通管理员，了解拥堵时间和各自的诉求、建议。然后小组根据现场采集的信息进行综合分析，撰写改善交通的解决方案，并向相关管理部门或所在选区的人大代表提出建议。

2.在建构现场中合作学习

即学生通过执行不同的角色任务，合作建构生活现场。建构生活现场的过程就成了合作学习的过程。在项目"桥"中，师生通过合作建构了"桥梁设计论证会"的现场，具体做法：项目小组从桥的功能特点、桥的造型结构、桥的制作材料和方法等方面汇报桥梁设计方案；其他学生和任课老师针对设计方案提问，项目小组答辩；项目小组对设计方案中存在的问题进行修改。这样，学生既学会了组织"论证会"的过程和方法，也发现了桥梁设计方案中的优劣。

三、项目化学习中合作学习的实践范式

（一）基于有难度任务的互助式合作学习

有的学习任务难度较大，且要求每一名学生都能按时完成。针对这类任务我们可以采用互助式合作学习。在互助式合作学习中，小组成员由经验基础、能力水平不同的学生组成，具体操作步骤为：（1）教师呈现任务（问题），提供学习支架；（2）小组集体探究解决问题的方法；（3）个人独立或在组员的帮助下完成任务；（4）师生评价小组内组员的互助表现与任务完成情况。

例如，在《包包展销会》中有一项"每人用一张A4纸折一个包身"的任务。学习前，教师给每个学习小组发一个做好的包身，引导学生认识包身的形状特点。接着，各小组通过"拆解包—还原包—再拆解—再还原"的反复过程，探究做包身的方法。随后，每名组员根据方法独立制作包身，当某一组员遇到困难时，会的组员要帮助其完成。

（二）基于复杂性任务的协作式合作学习

在项目化学习中，有的学习任务比较复杂，需要切割成几个小任务，通过先分类探索，再汇总信息才能完成。这类任务我们可以采用协作式合作学

习，具体操作步骤：（1）教师呈现任务，师生协商分割任务；（2）组长根据组员特长分配个人任务；（3）组员各自探究，完成个人任务；（4）分享个人探究成果，合作完成小组"共学单"。前文提及的"学校周边交通问题的研究"就采用此方式。

协作式合作学习还可以进行二次分组，交错搭配。具体操作是：组员完成个人任务后，可以与其他组担任相同任务的学生合作，组建"专家组"，共同讨论所学部分，统一观点；然后，组员返回原来的学习小组，分享"专家组"观点；最后，小组汇总成果，完成"共学单"。

（三）基于开放性任务的竞标式合作学习

在项目化学习中还有一些学习任务比较开放，需要从多个角度思考，提供多种方案，进行多维论证，形成最佳的解决方案与方法。针对这类任务我们可以采用竞标式合作学习。竞标式合作学习主要在小组间进行，具体操作步骤为：（1）教师呈现任务，提出任务要求；（2）各小组根据任务要求合作设计方案；（3）组织竞标会，小组间交流方案，答辩论证；（4）小组修改方案，完成作品；（5）组织二次竞标。

在设计"在特定的水面设计一座桥"的学习任务时，就可以采用竞标式合作学习。教师通过一组图片出示"特定水面"现场，提出在此水面建桥的任务与要求。根据任务要求，学习小组创意设计桥梁建设方案。全班组织竞标会，各小组上台展示、介绍设计方案，并针对教师和同学的提问答疑论证。在论证过程中，各小组逐渐理解"好的桥应有合理的功能、创意的造型和牢固的结构""好的桥应与周围的环境相契合""好的桥应节约成本，使有限的材料作用最大化"，等等。会后，各小组根据问题修改方案，并用简易材料制作桥梁模型，准备二次竞标。

在项目化学习中，合作学习不应固定于某一类学习小组，也不应拘泥于某一种形式，要视实际情况灵活变动，综合运用。学生合作学习的技能不是一蹴而就的，需要教师经常组织合作学习，精心设计并指导每一次合作学习。只有这样，学生才能在合作学习中学会合作，让项目化学习更有效。

项目式学习中表现性评价的设计

沈启正 [①]

项目式学习（Project-Based Learning）是师生通过实施一个完整的项目而进行的教学活动，教师通过示范项目引导学生掌握基础知识，并架起学习新知识的支点，然后运用知识迁移、协作讨论等方式完成对知识的意义建构，从而达到培养学生解决实际问题的能力的教学目标。近年随着课程改革的深入，项目式学习逐步兴起。本文针对项目式学习的任务与评价的设计问题，通过分析研究项目式学习的特征，提出表现性评价的设计路径。

一、项目式学习的特征及表现性评价的设计思路

项目式学习有外显的四大特征：以项目的依次推进为导向，以学生为核心创设情境，以探究与合作为路径，以展示、评价成果为标志。下面以一堂高中思想政治课"市场配置资源"的项目式教学为例来说明这些特征。

1.贴近生活，设计项目

设计一款即将投入市场的共享单车，并针对市场困境提出解决方案。（以项目的依次推进为导向）

2.分析项目，制定方案

组建小组，每个小组即为一个共享单车小公司，明确各组成员的任务分工。（以学生为核心创设情境）

3.实施方案，解决问题

共享单车公司为什么会遭遇困境？讨论走出困境的方法。（以探究与合作为路径）

---

① 沈启正，浙江省教育厅教研室基础教育评价教研员、高中物理教研员，特级教师。

4.成果展示，形成评价

各小组展示本公司共享单车的设计，回应董事会质询。（以展示、评价成果为标志）

通过本案例可以发现，在项目式学习过程中，学生不仅需要主动获取知识，还要会分析、重组这些信息并探讨解决问题的方案（创造），以此来解决具有现实意义的问题。

因此，项目式学习的设计路径如图1所示。其中，"构建真实情境，理出驱动性主线"是设计表现性评价的主要环节。在设计时，我们要围绕驱动性主线，依据项目式学习的特点展开。在综合各家观点和实践经验的基础上，我们总结出项目式学习的六个特点：（1）研究主题明确。围绕该主题展开理论或实践探究，在活动中建构知识、掌握技能。（2）情境真实、具体。项目一般取材于生活，在活动结束后有成果或作品产生。（3）内容综合且复杂。完成项目需要综合运用多方面知识和技能。（4）学习方式多样化。需要通过实践体验、自学新知识、考察调研等多种途径完成。（5）学习手段信息化。需要充分利用多媒体和网络技术陈述观点。（6）学习交流协作化。同伴之间、组员与外界之间充分交流协作以获取最大支持。并不是每个项目都必须同时具备这六个特点，设计表现性评价时要根据教学环境及项目的要求有所侧重与选择。

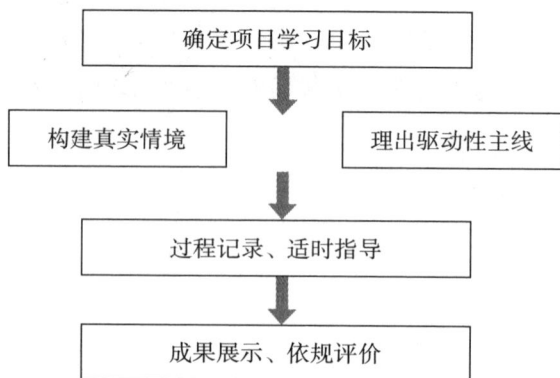

图1　项目式学习的设计路径

二、课堂教学中表现性评价的设计

（一）在课前预习中设计实验方案

以高一物理为例。学习圆周运动知识以前，教师可布置学生完成如下以问题为导向的项目式学习任务，为后续学习概念与规律打好基础。

例1　自行车比赛中，运动员转弯时身体和自行车都是向弯道内侧倾斜的（图2）。

图2　自行车比赛

（1）自行车转弯时，身体为什么会向弯道内侧倾斜？

（2）我们平时骑自行车转弯时，身体的倾斜没有这么明显。为什么比赛时选手倾斜得这么明显？内道的选手转弯时比外道选手倾斜得更明显，从中你可以得到什么猜想？请以小组为单位设计实验方案验证。

（3）各小组相互交流并思考：让自行车转弯需要的力与人和自行车的总质量有关吗？如何设计实验继续探究？

本例侧重让学生做出猜想，并设计实验方案开展探究，注重同学间的合作。

（二）在课堂教学中进行模拟探究

课堂教学中创设的情境要来源于真实生活。例如，我们都有这样的体验，全家外出一段时间，家中花盆里的花因为缺水而干枯了。根据已学过的水的压力和毛细现象等知识，适合小学三年级的课堂实验探究的表现性评价就设计出来了。

例 2 教师以思维导图的形式将已学的"水的性质"展示出来，让学生利用"水的性质"来设计懒人花盆。[1]

（1）给学生提供材料。主要有：一次性杯子、吸管、塑料棒、纱布、棉线、剪刀、卫生纸、木棒。

（2）要求学生每人绘制一个懒人花盆的设计图。六人小组讨论各自的设计图并推选出一份最终的小组设计图。

（3）制作懒人花盆。在制作过程中，教师巡视各小组，有针对性地解决学生的问题。

（4）完成懒人花盆的组，教师给其发带颜色的水进行测试，看看能否将水自动吸入花盆。对于失败的小组，教师引导其分析失败的原因。对于成功的小组，教师引导学生思考有没有可以完善的地方。

（5）交流分享。

（三）在难点突破中穿插实验并演讲

我们在高中物理教学中常有这样的苦恼：学生听得懂却不会用，或者即使听得懂也忘得快。这些情况都说明学生对知识的掌握还停留在记忆层面，没有深入到方法和思维层面。因此我们需要设计一些项目来加深学生对概念的理解。例如：

图 3 是利用稳定的细水流显示平抛运动轨迹的装置，其中正确的是（ ）。（填 A 或 B 或 C）

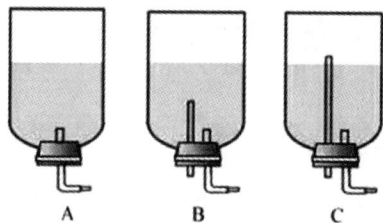

图 3 显示平抛运动轨迹的三种装置

该题是浙江省 2017 年物理选考的实验题，失分率相当高。针对这个难点，教师若只是再叙述一遍相关知识，学生还将走进"记了忘，忘了记"的迷阵圈，教师一定要把学生推到深度学习的前沿阵地，设计动手实验探究，使学生深刻体悟其中的原理，再让学生当小教师将其讲给其他学生听。笔者在指导教师教学时设计了如下的学习项目。

例3 分组给学生提供图4与图5两种实验器材。

（1）透明饮料瓶中盛有水（图4），用细针在A、B处各扎一个小孔。分别在打开和旋紧瓶塞两种情况下观察A、B两处的水流情况。

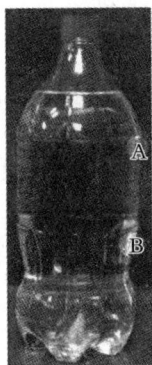

图4 盛有水的塑料瓶　　图5 "挂吊针"装置

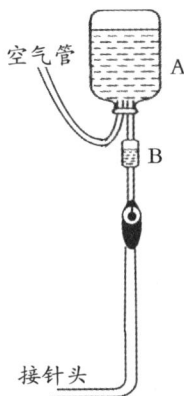

（2）组装图5所示的悬挂着的"挂吊针"装置，观察水流流速情况，并动手操作在不变动盐水瓶位置的情况下使水从空气管中出来。分析原理，写出发言提纲，并做小教师用简短的演讲给同学们讲解恒流瓶的原理。

显然，演讲作为项目式学习的评价点，会使学生加深对知识的理解与记忆。这一短平快的表现性评价充分利用了主动实践探究才能有效提高学习内容留存率的原理。

三、跨学科融合中表现性评价的设计

（一）在外语教学中设计实验环节

通过跨学科融合，让学生运用多学科知识解决问题是项目式学习的旨归。以英语学科为例，很多教师反映英语学科开展项目式学习比较困难，毕竟英语不是学生的母语。其实不然，因为语言的结合面是最广的。笔者以一则简

单的、与生活密切结合的初中科学实验为例，说明英语学科如何设计出基于真实语境的听、说、读、写的表现性评价方案。

例4 教师先把学生分成几个组，每组4~6人，发给每位学生如图6的实验报告。

Water in Motion

What You Need:
• clear glass tray
• warm water
• large cup with 200 ml of hot water
• large cup with 200 ml of cold water
• red and blue liquid food coloring

Directions:
① Fill the tray with warm water.
② Set the tray on top of the two cups, with the hot cup under one end and the cold cup under the other.
③ Add four drops of red food coloring to the water above the hot cup and four drops of blue food coloring to the water above the cold cup. Add both colors at the same time.

Results:

Color	Water	Observations
blue	cold	sinks and stays together; moves slowly toward hot side in a band of color; spreads out over the hot cup
red	hot	spreads quickly across the top; covers whole top in 1~2 minutes, then starts to sink

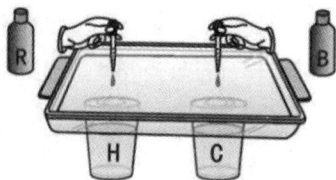

图6 实验报告

（1）假如你是 Greenhill School 的交换生，你参与了该校的一个科学实验。请根据实验过程补全英文实验报告。

（2）根据对上述实验的观察，填空完成以下口头的实验报告。

Hello, everybody. Here is our report on the experiment __1__. First, we put the glass tray full of warm water on top of two cups with 200 ml of __2__ water and cold water. Then, we add red and blue liquid food colorings into the water above the hot and cold cups at the same time.

After careful observations, we got the __3__. The blue food liquid coloring moves downward first and then to the hot side while the __4__ one spreads quickly and covers whole top in a short time and goes down ; the blue liquid food coloring spreads more __5__ than the red one. Thank you for listening.

（3）同组组员互相讨论和批改，确定认为正确的结果。

（4）各组讨论，教师指导，得出书写的正确答案。（学习新知识的过程）

（5）要求学生用酒精灯自己操作做"Water in Motion"实验（请学生在科学实验室里完成，需要时可请科学教师协助）。实验中组员间讨论尽量用英语，可选用上述实验报告中除"tray（盘）"以外的器材和实验室常用其他辅助器材。（根据课时情况可在课外完成）

（6）仿照前面的实验报告模板，写出自己的实验报告，要求小组成员分工合作，每位组员最终要用英语汇报自己分工报告的部分。

（二）在理科教育中渗透人文精神

如何使学生文理兼修，实现多学科知识的贯通与综合运用？下例是笔者把评价点迁移到法律知识运用的一种尝试。

例5　2015年9月24日，南京市溧水区柘塘镇王某好心帮邻居代交40元电费却引起对方误解，原因是对方认为"无人居住哪来电费"，却不知总闸未关，电器仍会耗电。若你是村委干部，你如何通过物理和法律知识说服邻居，化解矛盾？

笔者在设计本例时，要求学生模拟村委会调解人员，利用电功率等电学知识说服邻居，化解矛盾。设计评价点时，除了物理知识的应用外，还把问题空间扩大到依法办事上，增加学生了解真实社会、应用法律知识和提高沟通能力的评价点。

四、社会实践中表现性评价的设计

（一）在春秋游活动中嵌入研究项目

笔者在苏格兰访学时，教师示范了这样一个项目式学习活动。

例6　环境的变化使一些植物濒临灭绝，为了保护它们，需要将其移入植物园内，但苏格兰爱丁堡市的植物园容量已接近饱和，需要把植物园里原有的一些植物移出去。现初步圈定生姜、山药、可可、茶、香蕉、竹子、水稻、橡胶、芋头、红豆杉、巨花魔芋这十一种植物，请你从这些植物中选出三种移出园区。

在项目实施过程中,苏格兰教师给学生提供了一份植物园的布局地图,并请学生去各温室寻找这十一种植物。这其实是考查学生能否记下各类植物生长需要的湿度、温度、水分及土壤要求等基础数据。要完成这项任务,学生需要通过各种途径查阅资料,分析植物若被移出温室能否存活,并判断万一某种植物因被移出园区而死亡,其带来的损失我们是否可以承受,是否会影响整体植物的多样化分布。

这是一个极具综合性的、贴近学生真实生活的评价项目,当时教师把学生带到植物园,相当于我们的秋游活动。学生通过体验,不仅陶冶了情操、放飞了心情,还学习了不少新知识,锻炼了思维品质,提高了沟通交流与分析问题的能力。

(二)在辩论赛中关注社会热点

教师平时要做有心人,对出现的公共热点与社会争议问题要多留意,多思考,这些往往是设计项目的"肥沃土壤"。

例如,私家车利用互联网从事专车服务,严重影响了出租车司机的生意,某些城市出租车司机合力围追堵截专车司机,要求政府出面处罚和制止。面对这一新闻热点,潜心研究其中争议的焦点,就能挖掘出一条驱动性的主线:出租车司机认为私家车非法运营,违反了有关规定;专车司机认为网约平台是经工商管理部门审批成立的合法公司,自己是依规注册的运营司机,凭什么不行?

考虑到双方观点均有强力支撑点,问题出在新生事物在先、政府立法在后上,适合做辩论,因此一个了解社会的课题就呼之欲出了。

例7 对于私家车利用互联网从事专车服务这种现象,有人认定其为"黑车",是非法运营,应当严厉打击;也有人认为,私家车从事运营,符合共享经济潮流,打破了出租车行业垄断,盘活了存量资源,为市民提供了多样化的打车服务,应允许私家车不改变车辆性质从事经营。

把学生分成若干组,要求每组均分成正反两方,辩论是否赞同私家车利用互联网从事专车服务；运用所学知识，给政府在加强专车服务管理上依法执政提出建议。

（三）在品德教育中渗透劳动体验

"锄禾日当午，汗滴禾下土。谁知盘中餐，粒粒皆辛苦"一直教育我们要爱惜粮食，但爱惜粮食若仅停留在背诵唐诗或口号宣传上，效果就会大打折扣。英国人是如何做的呢？下面笔者介绍一下自己亲身参与部分体验的项目。

英国的 Dunbar Grammar School 为了让学生体验食物的来之不易，设计了"从土壤到餐盘"系列项目：一是参与种植小麦的若干过程，二是把小麦制成糕点。笔者观摩和参与了活动的第二部分：让学生自行经历体验小麦从磨粉、配料、搅拌、加黄油、揉捏、摊饼、切片、烘焙到成为糕点的全过程（图 7）。

图 7　糕点制作

五、研究性学习中表现性评价的设计

（一）由突发事件入手设计研究课题

教师要敏锐捕捉突发事件与相关学科的联系，勤于思考，并把这一研究习惯潜移默化地渗透给学生，使之终身受益。

如图8所示，2019年9月15日17时，在杭州余杭东湖高架外翁线下口处，一辆白色轿车（乘坐3人）撞了栏杆，车子倚靠栏杆竖了起来。原因是司机驾驶轿车行驶至东湖高架外翁线乔司下口处时，与下口处的钢柱相撞。

针对这一突发事件，高中物理教师应该敏锐意识到这是很好的高中物理项目式学习的设计点。笔者根据这一事件，设计了如下的表现性评价。

例8　经了解，图8这辆肇事车先撞毁了匝道口的水马（注了水的塑料桶），然后撞上匝道护栏，最后垂直骑上钢柱。匝道口的护栏底部本身就有一定角度的斜坡，当汽车在一定速度和某个角度下撞上护栏，冲力加上弧度惯性作用，汽车有可能竖立甚至翻车。请同学们估计撞车前的车速。

图8　事故现场

问题中，水马的质量、位置、车撞击水马时有无动力、与钢柱碰撞时的能量损失情况等均未知。该项目故意让学生面对用能量观点、动力学观点、碰撞模型都无法解决的问题，一切由学生分工合作，使其主动发掘多种调查路径，自主建立解决问题的模型。此时，一些学生若能够根据后车行车记录仪拍摄的视频来估算出前面事故车的速度，这种解决问题的方法一定会给其他同学留下深刻的印象。

（二）在科技节活动中设计制作比赛

笔者根据学生们非常感兴趣的火星探测器设计了如下的表现性评价项目。

例9　2019年2月13日，由于无法跟探测器取得联系，美国国家航空航天局正式宣布结束"机遇号"火星探测器的使命！这再次唤起了人们对它在2004年1月25日成功着陆火星表面时的回忆。请观看"机遇号"着陆火星的演示视频。如图 9 所示，这是"机遇号"弹跳气囊着陆过程的四个状态。如果落地时这个类似正四面体结构的气囊里的火星车没有正面向上就麻烦了。请同学们模拟设计一个装置（形状不论），从学校某 5 楼窗口静止扔下，要求落地时：（1）必须在地面上会自然弹跳或翻滚；（2）静止后打开外包装时，装置中事先标注的底面朝下；（3）内置的生鸡蛋完好无损。

图 9 "机遇号"弹跳气囊着陆过程

这个装置会自然弹跳或翻滚，防震措施有效，着地方向正确，这样的模拟很真实，作为全校性的科技节制作比赛活动非常合适。

（三）依据生活需求设计工程产品

教师可以让学生结合日常生活的实际体验，设计一些能满足需求的工程产品。

例 10 学校给每间教室都配置了如图 10 所示的雨伞架，以方便同学们放置

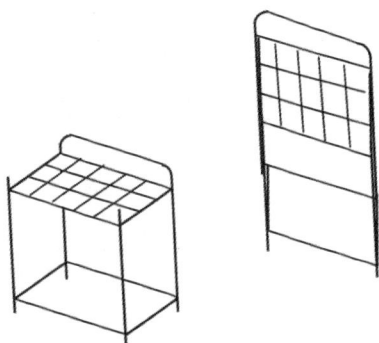

图 10 雨伞架

雨伞。这种雨伞架可同时放置多把雨伞，也可在不下雨的时候折叠起来以方便收纳。请分析该雨伞架可能存在的问题，并完成以下任务。

（1）请分析图中雨伞架的结构图，填写下表。

序号	缺陷	理由
1		
2		
3		
4		

（2）为了对雨伞架进行改进，你认为还需要收集哪些与雨伞架相关的信息？你收集信息的途径有哪些？

（3）请列出改进的设计要求，提出改进方案，画出设计草图并做适当的文字说明。（设计草图可在原图中进行添加或修改）

本例针对教室里用的折叠式雨伞架的设计，让学生结合市场需求进行调研，提出自己的观点，并作为产品设计工程师，根据所学知识解决实际存在的问题。这不仅需要用到力学知识设计铰链，安装固定装置，更需要学生雨天走进各教室了解学生所带的各类雨伞的规格。

项目式学习在我国方兴未艾，由于它对学生创新能力培养有独特的不可替代的作用，因此它是推进我国中小学育人方式改革的重要举措，更是创新教育教学方式、推进课堂革命的关键环节。我们需要深入了解项目式学习的特点与特征，研究并突破它的设计与评价难点，更好地建立全面的、以素质教育为导向的科学评价体系，切实贯彻和落实党的教育方针，为学生终身发展奠基，培养德智体美劳全面发展的社会主义建设者和接班人。

参考文献：

［1］但璐.项目式教学法在科学课堂中的应用［J］.小学科学（教师版），2019（2）：142.

"项目式学评"带动学校评价方式变革

——以杭州市小学低段非纸笔测评实践为例

朱秋蓉 [①]

什么是素质？素质就是我们将学习和实践所获得的知识、技能、思想、观念等内化于心、外化于行的综合性品质。传统的纸笔测评往往只能测量学生已经知道了什么，却不能测量学生在实际生活中"会做什么"[1]。因此评价改革必须研究"素质如何测量"的问题，思考如何通过评价使学生获得更好的发展。在小学学业评价改革的实践中，我们将非纸笔测评作为小学低段考试评价的重要方式，将学习与实践、知识与能力、思想与行为结合起来，综合考查学生的素养。

杭州市小学低段非纸笔测评实践大致经历了三个发展阶段：从 2010 年 1.0 版本的"模块过关"，发展到 2015 年 2.0 版本的"游园乐考"，直到今天已是 3.0 版本的"项目式学评"。"项目式学评"的实践研究引领各学校开展以校为本的非纸笔测评顶层设计。

一、基于学科整合的"项目式学评"

所谓"项目式学评"是指利用项目式学习的方式来开展非纸笔测评，即以学生为中心，围绕学校育人主题，根据课程标准和学情创设真实的情境任务，制定等级化、描述性的评分标准，观察并描述学生个体及团队在任务解决过程中所展示出来的解决问题的策略和表现，以此来评价学生的不同水平，并给予个性化的指导和帮助。下面以 2018 年初杭州市长寿桥小学开展的"喜看杭城新变化，我为祖国点赞"非纸笔测评活动为例，来展现"项目式学评"活动开展的设计思路。

---

① 朱秋蓉，浙江省杭州市基础教育研究室评价部主任，中学历史与社会教研员。

2017 学年第一学期，杭州市长寿桥小学为迎接党的十九大胜利召开，开展了"我为祖国点赞"系列活动。学生们围绕这个主题开展了丰富多彩的活动，有体验、有感受、有心得。学期初始，学校在设计期末非纸笔测评的活动主题时，就把测评主题与学校整个学期的教育主题紧密衔接了起来；确立主题后，学校组织教师反复研读小学各学科的课程标准，将小学低段各学科中无法用纸笔测评的内容（各学科的知识理解点、技能应用点以及能力表现点等）进行了梳理，并制定出等级化、描述性的评分标准；在此基础上，根据测评主题和学生的实际情况，把这些无法进行纸笔测评的内容整合起来，创设真实的任务情境，以考查学生在情境任务完成过程中所体现出来的公共空间文明礼仪、口语交际能力、团队合作能力、运动协调能力、艺术表现能力等综合性品质；同时根据不同学生所呈现的不同水平，设计不同的评语，以此来肯定学生在活动中的表现，并为其进一步的发展提供指导性建议。

在测评活动中，我们看到学生自由组成 4 人合作小队，组队完成各项情境任务。每一项情境任务（游览美景、诵读美文、创意绘景、表演歌唱等）都指向学生的学科核心素养和学生的社会性能力（同伴交往、合作分享、公共空间意识等）的培养。学生不仅需要调用平时所学和所积累的知识、技能、方法等，还需调用自己的生活经验和生活常识，更需要在团队合作中学会与老师、同龄小伙伴、家长志愿者、高年级学生志愿者等交往与沟通，在团队交流中学会设计方案，在团队合作中学会相互配合来共同完成情境任务。整个测评过程既是一场非纸笔形式的考试，更是一次项目式学习的体验。在测评活动中，学生不仅提高了学习兴趣，增强了学习能力，还真切感受到家乡杭州的巨大变化、家乡的秀美风景和丰厚历史文化底蕴。整个测评过程将学生个体评价与团队评价结合起来，不仅关注学生个体以及团队在各项情境任务完成中所表现出来的综合性品质，而且重在培养学生在团队协作中生发出来的社会性情感，激发其对家乡的无限热爱、对祖国繁荣昌盛的无比自豪。而这些内容都是在传统的纸笔测评中无法实现的，这也正是非纸笔测评的教育价值之所在。

　　从以杭州市长寿桥小学为代表的诸多学校非纸笔测评实践经验中，我们梳理出"项目式学评"的实施路径：解读核心素养，明晰学段要求；依据课程标准，开发评价量规；凸显立德树人，创设真实情境；注重深度学习，培养团队合作；完善结果运用，关注个体成长。整个测评活动循着"解读素养—研读课标—创设情境—实施评价—反馈改进"的实践路径，与学校的学期教育教学活动紧密衔接，实现了评价活动、教学活动与德育活动的统一，真正实现了"教—学—评"一体化，从而把立德树人、社会主义核心价值观的教育润化于学校的教育教学工作之中，赋予测评活动鲜活而深远的教育意义。

二、融入智慧教育的测评实施

　　怎样才能更高效、便捷地开展非纸笔测评呢？杭州市众多小学利用现代信息技术，建立智慧教育平台，为每一位学生都组建了成长数据库。每位新生入学伊始，就拥有一个独一无二的二维码，陪伴他度过小学六年的学习时光。只要扫描该学生的二维码就可以实时录入过程性评价，而系统的后台数据会自动与该生信息保持同步。智慧教育平台的实时性和便捷性，提高了非纸笔测试的信度和效度，减轻了学校教师的负担。

　　如对朗读能力的考查。传统纸笔考试只能测试学生对读音规则的掌握，却无法评价学生发音是否标准、语言表达是否流利等。

　　杭州市求知小学针对低段学生语言学习的特点，开发了基于人机对话的"悦读"测评平台，利用教育 APP 为学生提供朗读示范，智慧教育平台会根据学生的朗读进行自动语音识别，提供实时的反馈和校正，供学生自主练习、自我测评。学生朗读的题目是教师根据学生已掌握的情况，结合课程标准和测评活动的主题，在"APP 教师端"精心编制录入的。能力较强的学生可以直接朗读作答，能力较弱的学生可以借助朗读示范，多次练习，不断纠正并巩固自己的发音，在规定的测评时间内反复测试，直到获得自己满意的评分，体验成功的喜悦。智慧教育平台的使用，不仅帮助学生明晰了自己的发音瓶颈，给学生提供了针对性的练习和矫正帮助，而且极大减轻了教师组织非纸笔测评的压力，完善了仅凭直觉评定朗读水平的测评方式。除此之外，该平台还在测评数据的收集、统计、分析、处理上发挥着重要作用。测评结束后每位学生都能拿到一幅反映自己测评情况的数据雷达图和一份分析诊断报告，直观了解自己的进步，评判自己的成绩，监控自己的发展。教师可以通过"APP 教师端"收到学生的得分情况和朗读的录音，家长可以通过"APP 家长端"看到自己孩子的测试结果。同时，该平台还自动生成班级和年级的测评数据雷达图，提供历年学生的测评数据情况，进行分析对比，以诊断学生个体、班级和年级在整个测评活动中的表现，为教学改进的诊断和归因提供实证支持，为教学研究提供第一手的实证资料。这个智慧教育平台不仅关注到每一位学生个体的微观表现，而且有助于教师全面了解全年级、全班学生的发展状况，从而有的放矢地开展教学，真正实现技术为教育服务的目的。

融入智慧教育的非纸笔测评，弥补了传统纸笔测评只能测评学习结果的不足，真实记录并展现了学生的思考过程，利用可观测数据的采集、整理、加工，构建起学生的认知图谱，从而帮助教师更好地因材施教，为不同水平的学生提供个性化的教学指导方案。随着实践的推进，教师的评价观念悄悄发生着改变，评价即学习的理念正深入人心。非纸笔测评不是终结性的评价，而是一次项目式学习，它真正的目的在于让每一个学生不断通过与评价标准的对照实现自我校正，明确自己的改进方向，积极地向更高标准迈进，在反思和改进中不断前行、不断成长。

三、开启学习新知的测评反馈

和以往的考试不同，我们的非纸笔测评并没有随着测评活动的结束而结束，也没有随着学期的结束而终止。相反，每一场非纸笔测评都是新一轮学习活动的开始。非纸笔测评中记录下来的大量学生信息，成为诊断教学问题、设定新教学起点的宝贵教学财富。通过对信息、数据的解读，聚焦学生成长的共性问题，开启新一轮的教育教学活动。

学校是如何利用评价结果来展开新一轮教学实践的呢？杭州江南实验学校的教师们进行了卓有成效的探索。该校 2017 届一年级学生共有 598 人，在

2017 年 6 月的一年级期末非纸笔测评活动中，约有三分之一的学生，因为没有在规定的时间内完成所有的闯关活动而哇哇大哭。针对这一现象，年级组召开各班班主任会议，分别联系家长沟通，共同分析、找寻原因，寻求解决策略，制定了针对性的矫正帮扶方案：利用《暑假生活建议》进行针对性训练、结合数学课的教学理解时间概念、加强学校生活中的时间管理、家校配合学生克服拖拉等措施，进行个别化帮助和指导。通过一学期的针对性纠正指导和教育教学跟进，在 2018 年 1 月的二年级上学期期末非纸笔测评中，全体学生都在规定时间内顺利完成了所有的非纸笔测评活动。

基于江南实验学校的实践探索，我们开始反思非纸笔测评的实践经验：必须重视评价结果的教育功能。对于每一次的非纸笔测评活动，教师都应及时撰写测评反思，反思在测评活动方案设计和实施过程中的得失，反思在学科教学、问题解决、实践能力培养等方面存在的不足，进一步了解学生个体差异、各自的优势和劣势，以此改进我们的教育教学活动；应高度重视测评现象和测评数据所反映出来的问题，及时分析、诊断、归因，充分挖掘其背后带给我们的教育启示；应主动联合家长、社区等教育力量，共同商讨对策，共同制定系统改进方案，监管其执行和落实，帮助每一位学生更好地成长。

期末的非纸笔测评尽管是一个阶段的终结性评价，但从长远来看，这不仅是学生成长过程中的一次阶段性评价，更是学生学习成长之旅的加油站，它联结和指导着学生的假期生活和下一阶段的学习安排，为不同学生提供个性化的学习建议和学习指导，给每位学生的成长储蓄力量，从而促进其在新一轮教育教学活动中的可持续发展。

非纸笔测评作为一种考试方式，考查的是学生在真实情境任务中的问题解决能力。只有"基于真实的、现实世界的任务而学习"，才能体味学习的意义和价值。"项目式学评"使学生置身于真实情境任务的挑战中，一方面考查了学生基础知识、基本技能、问题解决能力、沟通合作能力和批判性思维等方面的水平；另一方面也通过挑战，使他们体验并获得了大量的直接经验和更为深刻的学习认知，从而激发出他们更强烈的学习欲望，这都是传统的纸笔测评无法比拟的。非纸笔测评不是甄别和选拔学生，而是通过"项目式学评"方式为每位学生提供展示才能的平台，关注学生精神层面的成长，释放其纯真天性，激励其持续不断地进步，让每个学生都能成为有用之才。随着实践的不断深入，我们将进一步转变观念，从个体思维转向整体思维，更全面、立体、系统地认识学情，为学校后续的教育教学改进提供支持，促进"教—学—评"三者的可持续协调发展。

非纸笔测评用学生喜欢的方式评价他们的学习，让他们感受到学习的快乐，体验到成功的喜悦。在活动中"考试"，在"考试"中学习，在"考试"中体验成功和快乐。非纸笔测评引发了评价方式的变革，真正转变了教师的教育理念，撬动了课堂教学的变革，必将促进学生核心素养的落实。

参考文献：

［1］周文叶.中小学表现性评价的理论与技术［M］.上海：华东师范大学出版社，2014.

美国中小学项目式学习：问题、改进与借鉴

王淑娟 ①

项目式学习（Project-Based Learning，简称 PBL）源自美国教育家杜威（Dewey）倡导的"做中学（learning by doing）"，由克伯屈的设计教学法发展而来。它主张教师围绕真实的问题或挑战设计一系列的体验和探究活动，学生需综合运用多种学科知识与技能来解决问题，并将最终的学习成果予以表达、交流与展示，学习过程始终伴随反思、评价、修正和多方支持。然而，PBL 在美国中小学实施过程中出现了很多的问题，也引发公众对这种学习方式的质疑，因而一些研究机构公布了高水准 PBL 应该具有的特征以便更好地指导实践界改进 PBL。本文针对这些不同的标准框架进行比较，并尝试对我国中小学教师设计与实施 PBL 给出一些具有操作性的建议。

一、美国中小学项目式学习实施过程中容易出现的问题

如果应用得当，项目式学习会成效卓著，学生主动而深刻的学习会自然发生。但教师如果并未真正领悟项目式学习的精髓，使用不当的话则很可能产生很多问题。在美国，人们也会看到很多打着"项目"名义的教学和活动，大量的时间被浪费，学生学科知识的系统性和基础性受到破坏，教师也常常因此产生挫败感。长此以往，项目式学习很可能变成仅仅是一个教育变革的时髦概念，而很少真正被实践。具体来说，美国教师在实施项目式学习过程中，容易出现以下几方面问题。

（一）容易演变成项目导向的活动

为了更好地说明项目式学习与项目导向活动之间的区别，我们列举两个

---

① 王淑娟，北京教育学院教育管理系主任。

案例来分析。①

案例1：费老师希望学生去比较尼罗河流域文明的价值观与现代埃及的价值观。在单元开始的时候，费老师让学生分析尼罗河流域的一手资料，以及埃及政府拍摄的旅游宣传片。关键问题是"一个社会随着时间的推移会发生多大的变化？"学生将会研究一手资料、文章、人口普查数据，并在社区进行采访，制作他们自己的旅游宣传片。

案例2：在了解了尼罗河流域的文明之后，马克老师决定让学习社会研究课的学生为游客们设计尼罗河流域旅游的宣传手册。在对所学材料进行总结性评估后，学生必须使用课堂上所学的信息，创造出一本外形美观的小册子，帮助游客了解当地文化和名胜古迹。导引问题是："尼罗河流域的生活是什么样的？"

对比以上两个案例，可以发现他们之间实际上有很大不同，案例1属于项目式学习的范畴，而案例2不过是个项目导向的活动。具体来说，二者存在以下几个方面的差异（表1）。

表1 项目式学习与项目导向的活动之比较

区别	项目式学习	项目导向的活动
目的	有开放的驱动性问题	一般是学完一单元知识后安排的知识应用活动
内容	试图解决真实的现实问题	包含一组不是很聚焦的活动
时长	持续探究	持续时间不长
学生选择	学生有多种选择，能充分表达意愿	学生可能没有自主选择的机会，多由教师统一组织
项目的作用	项目处于课程核心地位，贯穿课程始终	项目处于课程的外围，是课程实施的高潮

在单元课程收尾之际给学生布置一两个与主题相关的学习任务或活动，就是项目式学习了吗？并非如此。好的项目设计应该在设计之初就指向学科重要标准或核心概念的理解与运用，不仅要有现实生活的具体情境，还要有

---

① 两个案例根据乐成国际教育研究院"项目式学习"工作坊外籍教师所提供的案例改编而成。

课堂之外的真实受众。项目为学生提供了一个真实的、引人入胜的情境，在探究现实问题和完成真实作品的过程中，学生的批判性思维能力、问题解决能力、语言表达能力都得到发展。

（二）容易演变成作品驱动而非问题驱动

在美国，很多所谓项目式学习活动中，经常出现的一个问题是缺少驱动性问题的设计，很多项目是为了完成某个真实的作品而设计，缺少围绕核心问题系统而深入的思考，即使是真实的作品本身也存在诸如作品一次成型而非多次修订与迭代、作品与学科课程标准要求关联不大等问题。

（三）教师主导项目进程而给予学生的选择权过少

很多学习项目在实施过程中容易演变成学生被动参与教师已经设计好的各个项目流程。一些教师由于担心学生时间管理和自我管理能力不足，会提前设计好每个项目进程，学生亦步亦趋，选择权和发言机会较少。如果学生对于学习进程没有足够的发言权，没能根据自己的优势选择相应的学习方式，就会慢慢失去对于这种学习的兴趣，跨学科能力也就很难得到培养。

二、近年来美国改进中小学项目式学习的两种模式

（一）巴克教育研究所提出的"黄金标准"

美国巴克教育学院 2013 年推出了评价 PBL 的"黄金标准"，以帮助教师进行测量、校准并提高教师的项目设计与实施能力。这个 PBL 黄金标准的概念包括三个部分：学生学习目标、项目的基本设计元素和基于项目的教学实践。

PBL 的教学目标指向学生的关键知识、理解和成功技能。各学科知识的获取与概念理解固然重要，但这些并不是最终目的，在学习过程中所获得并终身受用的能力才是关键所在。在学校学习和未来职场中，现在的学生即未来的公民需要批判性思维，以及问题解决、团队合作、自我管理等技能，这些被称为"21 世纪技能"。PBL 能够有效帮助学生在知识获得和概念理解过程中，获取这些能力。

巴克教育研究所在 PBL 研究和实践方面拥有超过 15 年的经验，他们认为

能让学生最大限度学习和参与的项目需要具备以下要素。

1. 富有挑战性的问题或困难

在项目式学习过程中，驱动性问题和切入性问题的设计都至关重要。驱动性问题是项目开展的核心，始终伴随着学生对问题的深入探究和相关学科知识的灵活运用。驱动性问题可以是开放性问题，用简短的一句话体现并传达项目目的，并用以激发学生的兴趣，给学生带来挑战。驱动性问题可以是哲学问题或可辩论的问题，例如，使用克隆技术合乎道德吗？还可以是聚焦于项目的问题，例如，如何创建一个播客来比较世界宗教中的原型？如何创作一首关于我们自己生活中重要事件的诗歌？还可以是让学生进行角色扮演，解决现实世界中的问题，例如，作为建筑师，如何为学校设计一间室外"教室"？作为一名科学家，如何设计一个实验来揭穿一个普遍存在的科学误区等。

2. 持续探究

探究就是调用解决问题所需要的各种研究方法，逐步试错，反复循环，方案或作品多次迭代，直至真实作品达到能向公众展示的水平。因此，探究需要持续相当长的一段时间，几天甚至几周、几个月都是有可能的。可以将常用的文献综述法（通过图书、期刊、网络多种渠道最大限度地查找各种资料）与真实世界的调研（基于现场的专家、服务提供商和用户访谈）结合使用。

3. 真实性

在这里，真实性指的是项目应该接近于"现实世界"情境中的学习或工作，类似于未来职场的历练。之所以强调项目的真实性，是因为真实的情境、真实的研究、真实的评价标准、真实的观众不仅能激发学生的学习动机，还能保证最终作品的质量水平。

4. 学生的发言权和选择权

在项目中，有发言权能给学生带来主人翁意识，使他们更关心项目，更加努力。如果教师在项目开始之前就提前设计好每一个步骤，学生只需要据此执行的话，这就不算是真正的项目式学习。学生应该更大限度地参与到项目的设计与实施中来，从项目开设的驱动性问题和切入性问题的设计，到项目管理进程和角色分配，再到寻求更多的资源和外部支持，直至问题探究的方向和最终作品的形式，学生都应有权发表意见。

5. 全程反思

在项目进行过程中，师生要始终保持用"第三只眼"去考察项目探究的方方面面，逐渐让反思成为无时无刻不存在的课堂文化。反思可以有很多载体，如项目札记、形成性评价、阶段性讨论等。反思的内容既应该有对学科知识理解和运用的反思，还应该有对合作、沟通、批判性思维及自我管理等21世纪技能运用情况的反思。

6. 批判和修订

学生应该学会如何给予和接受同伴的建设性反馈。对学生的阶段性作品进行班级的公开讨论时，作为批判者很可能言过其实，容易不小心对作品制作者造成言语的伤害。因此，美国高科技高中（High Tech High）提出了学生在进行批判时应遵守的基本原则，应秉持善意的原则，意见应尽可能具体，且意见应有效有用。

不论学生要制作什么样的作品，他们很可能是第一次制作，因此明确他们的目标变得有些艰难。鉴于此，在学生开始一个项目前，教师可以向其出示"卓越范例"的模型——之前的学生、专业人士或者教师制作的高质量作品。全班同学可以一起讨论哪些特性使之成为好的"模型"。这样一来，学生不仅知道了他们的目标是什么，也了解了其特性。向学生强调复制模型不是他们的任务，真正的任务是运用在讨论阶段他们学到的特性来制作属于自己的模型，这很重要。

7. 作品公开展示

当学生知道他们在项目中创作的作品将被公开展示，这就从项目的最开始改变了项目的性质，因为他们知道需要为自己的作品"代言"，他们的作品要接受家人、朋友和公众的审视。这就激发了他们的雄心壮志和专注度，这比"考高分"更加诱人。另外，学生家长及当地社区的其他人也能够借此知晓学校在做什么，这就为加强学校和社区的互动提供了机会。

此外，巴克教育研究所还提出了"高质量框架"（The High Quality Project-Based Learning Framework），按照学生经历对 PBL 要素进行了描述，其标准主要包括智力挑战与成就、真实性、公共产品、合作、项目管理、反思，是从学生视角对 PBL 应该具有的要素的一种考量。

（二）卢卡斯教育研究所提出的"严谨标准"

卢卡斯教育研究（Lucas Education Research，以下简称 LER）十分关注 PBL 在中小学教育中的应用，希望通过研究高水准 PBL 的共性特征提出一套"严谨标准"，以便为 PBL 教学改进提供依据。为实现这一目标，LER 收集整理既有的研究数据，并广泛调动各相关研究与实践团体，共同开展有效性研究，总结了高质量 PBL 的四个特征。当真实的、有意义的、精心设计的项目历程，对于学生深刻而广泛地理解学习内容发挥了关键作用时，严谨的项目式学习才算是真正发生了。也就是说，严谨项目旨在将学科内容与实践相统整，以支持学生进行有深度的学习。这种项目能帮助学生学习如何像一位历史学家那样去思考，或者创造一种科学模式用以解释世界运行的方式，因为学生可以有很多机会不断去修正、反思和改进。

1. 项目是真实的、有意义的

仅仅是在课程结束之前完成一些与学习内容有关的项目任务，这对学生来说是远远不够的。项目应该是在一开始就从学习目标出发进行逆向设计，且学习目标应该是与真实世界和公众有着密切联系的。高水准的 PBL 由一系列精心设计编排的学习经验构成，既服务于教学主旨，又不失真实性和现实意义。在高水准的 PBL 中，一门课的全部教学都是通过项目实现的，例如，美国高科技高中的学生学习知识就是通过全天候的 PBL 实现的。项目立意务求真实，能帮助学生从学科学习和社群生活两个层面与现实世界建立联系。例如，行动中的知识（The Knowledge in Action，简称 KIA）项目由华盛顿大学的一组研究者和教师团队设计，包括三个 AP 项目学习课程，每门课程大概由 5~7 个项目构成全部内容。在 AP 物理课中，学生变身为好莱坞电影科学顾问和事故调查员，这种角色扮演让他们直面真正的问题和需要学习的复杂内容。

2. 与多学科内容深度交融

项目设计的根基在于能够引导学生对学科知识有深度、有兴趣地学习和运用。因此，项目设计之初相关学科标准的目标确定变得相当重要。此外，寻找能够一直推动学生进行深入探究的驱动性问题也很关键，项目式学习就是要引导学生围绕一个核心问题寻找解决方案或研发产品，实际上任何现实问题的解决都需要学生灵活运用多个学科的知识和技能。例如，在项目"在我们居住的社区里如何种植作物以获取食物？"中，学生会学习到每个地方具有不同的环境和气候条件，这些都会影响农作物的品质和种植方式。项目中的科学调查会给学生创造有挑战性的、真实的情境和动机，学生可以进行有目的的阅读、写作和数学学习。

3. 支持多主体互动

高水准的 PBL 离不开社会互动，社会互动在体现人文关怀的同时，能够促进学生持续的学习与发展，二者属于动态互动的亲密关系。通过营造积极向上的学习氛围和课堂文化，尊重学生和社群的专业专长。通过学习环境的创设，为学生提供机会与空间，鼓励他们发挥优势、大胆表达、果敢行动、审慎决策。家庭和社区是学习发生的重要场所和网络，学生有交流和发展他们不同的知识存储的空间时，其学习才会更有效果。

4. 运用过程性评价改进教学

只有当我们定期收集关于学生学习的证据并以之反观教学时，高水准的 PBL 才有可能实现。通过形成性评价，学生可以参照教师、同伴和社群的反馈建议来创作和修改作品，这样的循证实践对教师的辅导能力也提出了较高要求。教师需要在学生尝试表达自己的理解时，巧妙地给予反馈，并运用过程性评估来改进教学。

三、对我国中小学教师应用项目式学习的借鉴建议

项目式学习主要以建构主义的学习理论作为基础，融入认知理论与统整课程概念所发展出的学习方式，强调以活动项目及问题解决的方式成为学生的学习主轴。基于此，对我国中小学教师应用项目式学习提出一些可借鉴的实施建议。

（一）教师应抓住运用 PBL 这一学习方式的初衷和本质

项目一词在教育领域内的应用最初出现在美国。著名教育家杜威的学生克伯屈于 1918 年在哥伦比亚大学《师范学院学报》所发表的《项目（设计）教学法：在教育过程中有目的活动的应用》一文中首次提出了项目学习的概念，项目本意是指学生自己计划、运用已有的知识经验，通过自己的操作，在具体的情境中解决实际问题。[1] 这是克伯屈对杜威"做中学"思想提出的操作化模式，意在解决学科知识传授与学生参与兴趣之间的矛盾。项目教学是建立在学生兴趣与需要基础之上的，经有目的的活动达到知识获得和技能提升双重目的，它对于打破学科体系、实施跨学科的学习具有重要作用。真实项目最终服务于学生学科知识的获得和综合技能的提升。

（二）教师在项目设计与实施中承担多重角色

在项目设计与实施过程中，教师不再是单一的知识传授者，他们还要成为项目管理者、教练、观察者、促进者、联络员等。PBL 并不意味着教师在教室里不需要教，传统教学方法的使用有时也是必需的，只不过这些被重构在项目框架之下。通常，PBL 比较耗时且时间长短并不是很确定。那么，在一门课程里如何平衡 PBL 与其他教学方法的时间分配呢？在传统的教学课程里拿出一到两周的时间做一个 PBL 单元，这种做法算是真正的项目式学习吗？真正的 PBL 需要持续多长时间？托马斯、帕克及其团队认为，真正的 PBL 需要将其作为整个课程与教学的指导原则，而非只是出现在一个孤立的、时间有限的单元里。大多数研究表明，学生从事有深度、拓展性的调查研究需要耗费大量时间。可以肯定的是，在一门课程的授课中，如果大部分单元还是采用传统授课方式，只是拿出其中一两个单元做项目，这并不能称

得上是真正的项目式学习。巴克教育研究所把这种规划和研究极少的项目称作"甜点式项目"，以区别于那些精心设计的"主食项目"。

（三）教师大胆尝试，逐渐放手，循序渐进增进学生的选择性

项目式学习对于培养学生的综合素养效果明显。但是，教师在学科教学中放弃原有的讲授法，全部以项目式学习来代替，目前在我国是不现实的。先行教师可以先在自己的教室里进行尝试，但也要容忍项目学习进行之初的模糊、不确定性、噪音和混乱。对于班级的第一个项目而言，教师可以先实施一个全班步调一致的项目。也许教师一开始设计的项目还很难算是真正的PBL，但是勇敢尝试迈出第一步至关重要。教师要在积极的尝试中，用不断迭代的优质项目逐步实现自身项目设计与实施能力的升级。如果学生之前没有参与过项目学习，需要提前培训他们必要的技能：团队协作、调查研究、项目管理、口头表达与展示。此外，还要处理好PBL与其他教学方法之间的关系，大多数研究者认为传统教学中可以拿出一个单元来做相对用时较短的PBL，但是教师主导的课程并非真正的PBL。

在项目式学习环境中，以支架来促进学生的学习变得日益普遍，支架也就成了PBL的必要组成成分。这里的支架包括师生互动、学习单的使用、同伴商讨、导引性问题、工作辅助、项目模板、学习技术等。设计支架关键是要和学生现有的知识与技能水平相一致，辅助不能太多也不能太少，因此需要教师对学生做持续性评价。另外，随着学生学会将新知识或技能运用到具体情境中，学习支架会慢慢失去其作用。

（四）教师应重视对驱动性问题的设计

驱动性问题可谓项目式学习的灵魂。没有驱动性问题的PBL只能沦为盲目地做活动、做产品、做项目，无法引发学生对学科内容的深度学习。驱动性问题就是要把项目主题和相关学科课程标准凝练成一个重要的、有意义的问题，进而激发学生参与并始终将注意力集中在锁定的目标上。围绕知识诞生之初在原始情境中产生的问题来设计项目或课程，还可以将学科课程标准中的主题或模块作为问题来源。

在设计驱动性问题时，可以参照以下原则：能激发学生的兴趣；开放性的；能直指某个科目或领域的核心内容；可以是现实生活中的两难问题；与课程标准的内容应保持一致；动手实践与知识学习能结合起来。[2]例如，"我们的饮用水有多安全？"就是某地区水资源研究项目的驱动性问题，这个问题与学生日常生活息息相关，学生需要调研生物、化学和生理学等多个方面的评测指标和相关知识，其研究成果也能公开展示并产生一定的社会影响力，是一个不错的驱动性问题。在整个项目进行过程中，学生还会不断"重访"驱动性问题，以便不断修正探究方向，达成深度学习目标。

（五）用导入事件引起学生对项目学习的浓厚兴趣

由于学生在项目实施中扮演重要角色，教师在项目一开始就要想办法激起学生对于项目的兴趣，后面学生就会主动发起更多的学习活动。例如，在初中社会研究课程中，学生将研究西罗马帝国的衰落和叙利亚目前的危机。学生扮演冲突各方的角色，努力确定"社会是如何分崩离析的"，这也是该项目的驱动性问题。学生利用他们的研究发现，结合自己对冲突的理解，创造一个被卷入战争的虚构人物，设计绘本场景，创作一本连环画作品。为此，教师设计了这样一个切入点事件：让学生观看电影《我在伊朗长大》，这部电影改编自一个经历了伊朗革命的女孩玛嘉·沙塔琵（Marjane Satrapi）的漫画小说。然后让学生阅读关于叙利亚冲突的第一手资料，以了解社会崩溃如何影响来自不同背景的人。这就是一个不错的导入设计。

（六）最终作品的公开展示

创造能回答驱动性问题的作品至关重要。项目作品需要与最初的学习目标相匹配，可以通过学习目标来决定最终作品与阶段性作品的形式。项目的最终作品可以是研究论文、报告、多媒体演示、学校范围内的演讲与陈述、学校以外的展览。为了保证最终作品的质量，学生还应该有阶段性作品，可以是作品草稿、产品原型、访谈计划书、视频作品、大事记、作品评论、实地调查指南、项目进展小结、日志、笔记等。

参考文献：

［1］伯曼 . 多元智能与项目学习：活动设计指导［M］. 夏惠贤，译 . 北京：中国轻工业出

　　版社，2004.

［2］美国巴克教育研究所 . 项目学习教师指南：21 世纪的中学教学法［M］. 任伟，译 .

　　2 版 . 北京：教育科学出版社，2008.

第三章

项目式学习的学科实践

第一节　项目式学习的学科实施策略

思想政治学科项目化学习设计

胡勤涌[①]　李　静[②]

"学科项目化学习"，是基于学科中的关键概念和能力的项目化学习。它将项目化学习的设计融入学科教学，将低阶认知"包裹"入高阶认知，在不降低学科学业成绩和保证基础类知识与技能不损失的情况下，通过项目化学习的设计同时培养学生的问题解决、元认知、批判性思维、沟通与合作等重要的能力。[1]

无论是国外盛行多年的项目化学习实践，还是近年来国内结合学科教学的本土实践，都表明学科项目化学习具有一定的必要性、价值性和可行性。只要坚持基本原理并结合实际情况，创造适合项目化学习生长的土壤，就能促进学生的学科学习，发展学生核心素养。

一、学科项目化学习设计要则

虽然学科项目化学习是适应当下教育目标及改革理念的学习方式，但要

---

① 胡勤涌，重庆市巴蜀中学教师。
② 李静，四川省攀枝花第三高级中学教师。

同时达到强化学科学习和转变学生学习方式、培育学科核心素养的目的，就要处理好分科教学与综合探究的矛盾。要解决这个问题，项目化学习设计应遵循五个维度的设计要则：聚焦学科大概念、设计基本问题、设计表现性任务及评估量规、设计适应性认知策略、设计学科性实践及反馈。

（一）聚焦学科大概念

"学科大概念"指的是那些用于课程、教学和评估的核心概念、原则、理论和过程，它们是学科最底层的事实、假设和逻辑的抽象概括，反映了学科独特的世界观和方法论，具有抽象性、超越性、迁移性，能够整合离散的事实和技能并构建意义。学科大概念不仅是新手教师把握学科核心价值的重要抓手，更是教师从新手向专家过渡的桥梁。可以说，对学科大概念的聚焦、理解与深化是高效能学科项目化学习的基石。

（二）设计基本问题

如何更好地聚焦学科大概念呢？在教学设计中利用基本问题来架构目标可以部分实现。好问题应该是"那些引起思维困惑的、颠覆显而易见或权威'真理'的，或是引起不一致观点的问题"[2]。所以，并非任何问题都是基本问题，只有那些不仅能够促进探究，使知识结构化，还能激发知识迁移与创造的好问题，才称为"基本问题"。比如，如何发挥市场的决定性作用，同时更好地发挥政府作用？一个国家的政府形式与公民的幸福生活有何关系？人是否拥有自由意志？尊重传统重要吗？等等。根据提问的目的和范围，有四类基本问题：专题开放型问题、专题指导型问题、综合开放型问题和综合指导型问题。教师可以据此设计项目的混合型基本问题。

（三）设计表现性任务及评估量规

项目化学习的表现性任务，是指一个具有可能性和挑战性的真实目标。它评估的对象既包括行动过程中的表现，也包括符合情境要求的具体产品。设计的关键在于任务、指标和量规都应该提前向学生解释说明。一般表现性任务应该涉及 GRASPS 六个元素：目标（goal）、角色（role）、对象（audience）、情境（situation）、表现或产品（performance/product）和标准（standard）。[2]

（四）设计适应性认知策略

虽然项目化学习最终指向的都是高阶认知策略，但具体到各个学科，其需要的低阶认知策略及凸显的高阶思维能力还是会有差异。比如，语文学科中重点培养的文本细读能力，在思想政治学科中则属于前设认知；数学问题的解决策略也不同于社会科学问题。因此，设计时需要考虑学科独特性。

（五）设计学科性实践及反馈

社会实践、研学旅行等在项目化学习中是相通的，但为了培养学生的学科思维与特定视角，也需要重点发展某些实践和反馈，使其更具学科性。例如，在思想政治学科项目化学习中，如果要强调学生的法治意识，可以让学生扮演不同的社会角色，在角色可能面临的真实冲突中，评估学生的法律思维。

二、项目化学习设计案例及分析

思想政治学科项目化学习设计，可以分为三个阶段：第一个阶段是项目规划阶段，这个阶段的主要设计者是教师；第二个阶段是项目拆解阶段，师生都是这个阶段的设计者；第三个阶段是项目计划阶段，这个阶段的主要设计者是学习小组。三个阶段中只有第一个阶段是由教师独立设计的，另外两个阶段都有学生参与或由学生自行设计，这是一种从教学的设计阶段为学生赋能的做法，给予了学生充分的决策权和发言权，提高了其学习活动的参与感和责任感，能激发他们内在的实践动机。本文以统编教材高中思想政治必修2《经济与社会》的主题2"经济发展与社会进步"中的专题一"坚持新发展理念"的教学内容为例，提供一个实操案例作为参考。

（一）项目规划

项目规划是第一个阶段。这个阶段的设计者是教师，主要设计对象是项目主题，设计原则是既要立足于现实，又要基于课程标准和学情，设计成品是给学生参考的项目说明书，可以包括主题描述、涉及的相关知识、项目学习的操作原则和要求及项目成果的评价方式等，可通过教师个人或集体预设的方式进行。

1.教学内容定位

（1）解读课程标准。

《普通高中思想政治课程标准（2017年版2020年修订）》（以下简称"课程标准"）中明确要坚持教育与生产劳动和社会实践相结合，着眼于学生的真实生活和长远发展，使理论观点与生活经验、劳动经历有机结合，让学生在社会实践活动的历练中、在自主辨析的思考中感悟真理的力量，自觉践行社会主义核心价值观。课程标准对"坚持新发展理念"专题的教学内容说明如下："阐释以人民为中心的发展思想和创新、协调、绿色、开发、共享的新发展理念，解释经济发展方式的转变和供给侧结构性改革，评析经济发展中践行社会责任的实例。"[3]

在教学实施上，建议结合当地实际，对当地转变经济发展方式的某方面情况进行调研，剖析存在的问题及其原因，提出对策建议。具体可通过以下四个方面的内容，聚焦学科核心素养的培育。

一是通过让学生认识经济发展的最终目的是社会进步，要达到这一目的就必须在判断、选择手段时坚持"五大新发展理念"，引导学生达成政治认同。二是通过让学生了解每个发展理念的内涵和表现，并初步运用这一基本观点观察和分析经济社会现象，培养科学精神。三是通过认识经济生活中不能唯利是图，应积极承担社会责任；树立契约精神；能够依据法治原则，评析经济社会现象，增强学生的法治意识。四是使学生意识到自己的社会公民角色，了解推动经济发展和社会进步的责任所在；能够针对评析对象初步提出合理的改进建议，提升公共参与意识。

（2）利用本土资源。

笔者所在的学校位于重庆市，作为国家历史文化名城，重庆不仅有婀娜多姿的都市风情，更拥有深沉厚重的文化底蕴，为城市的发展建设奠定了坚实基础。当然，这也意味着，它在快速城市化的进程中，必然会遭遇传统与现代、公平与效率、保守与开放的对立冲突。

（3）确定项目主题。

在分析的基础上找到课程标准和本土资源的交汇点，然后确定一个项目主题。首先，开发主项目，可以由此开发一个题为"在重庆的发展实践中如何坚持、落实五大新发展理念"的主项目。其次，分解主项目，一个是"山水之城60s"项目（简称"项目一"），一个是"擦亮尘封的遗产"项目（简称"项目二"）。最后，预设问题群，项目一可以从发展成就的角度设计描述与分类、解析与评价型任务，也可以着眼于未来发展设计预测与选择、解释与论证型任务，如两江新区的高质量发展成就有哪些，怎么讲好"重庆故事"等。项目二可以利用个案研究展示历史遗产保护的理念、方案和行动，也可以就热点事件探讨如何正确处理经济发展与社会进步之间的关系等。

2. 教学策略选择

教师要想有效引导学生，必须选择合适的教学策略。具体而言，分为以下三个步骤。

（1）从教师影响力的角度分析学情。

实践经验表明，实施项目化学习时，学生的学习结果难以判断，因此教师需要对其学习过程给予格外的关注、回馈和激励。

（2）确定教师风格。

领导者大致可以划分为三种类型：传统型、权威型和魅力型。教师应该刻意反思自己在组织项目化学习过程中的领导风格。

（3）结合环境选策略。

"君子生非异也，善假于物也"，教师在完成学情分析及自我剖析后，还需要系统分析教学的微观环境。比如，采用SWOT分析法，列出优势、劣势、机会和威胁，在此基础上，选择、设计和优化教学策略。

3. 形成项目说明书

教师在明确教学内容，并基于师生情况选择教学策略之后，就可以形成一份项目说明书了。

（二）项目拆解

项目拆解是第二个阶段。这个阶段的设计者是师生，设计对象是主题涵盖的子项目及问题群，设计原则是兴趣主导、动态生成，设计成品是供学生查阅的课题清单，可以在课堂上用头脑风暴会的方式完成。

1.背景导入

这个部分的设计仍然需要教师独立完成。可以将案例和辩论整合，以引发学生关注，帮助他们进入主题、打开思路，为接下来的头脑风暴会"热身"。

以本文主项目为例，该环节的设计如下：（1）播放视频调动情绪。播放时长 35 秒的重庆城市宣传广告"行千里·致广大"。（2）引入辩题升级体验。提出促使学生思考的启发思想型问题："重庆的城市化进程为何如此之快？期间遇到过经济社会发展的瓶颈吗？"（3）运用案例升级认知。描述重庆优越的地理环境，如两江交汇、好山好水等；呈现重庆独特的文化体系，即由巴渝、革命、三峡、移民、抗战和统战六种文化形态构成的"2+4 结构"的历史文化体系；列举重庆宏伟的地标建筑，如朝天门、穿楼轻轨（李子坝轻轨站）、洪崖洞等。

2.头脑风暴会

在这部分的设计中，教师转变为组织者，学生则成为设计者。头脑风暴能够让大家畅所欲言，打开创造性解决问题的大门，但是如果没有规则，不受限制地分享意见，就很容易造成混乱的局面。所以，教师需要预设会议规则和活动步骤（即活动建议），给学生提供行动工具包，并附在项目说明书的后面。以本文主项目为例，教师为该环节两个阶段的学生活动有如下建议（主项目拆解阶段的工具包，该阶段的主要任务就是围绕主题畅所欲言）。

（1）形式建议。第一，"6-3-5 方法"。人多本身就容易七嘴八舌造成混乱，建议由 6 个人组成团队，在 5 分钟内每个人针对特定的问题写下 3 个想法，然后传给相邻的人。重复这个过程，如此传递 6 次，半小时内可以获得108 个想法。第二，"角色风暴"。在头脑风暴中，一些内向型学生可能会对分享想法感到恐惧，不愿意在众人面前表露自己的想法。建议让学生轮流扮演主导者和倾听者角色，帮他们把恐惧转化为灵感，从而能够更自由地分享想法。第三，"找到正确问题"。在头脑风暴中，先专门讨论一下问题是否是想要解决的真问题。

（2）内容建议。第一，"思维导图"。拿出纸笔画一张思维导图，视觉化的工具尤其能帮助学生找到各个话题背后的关系、思路和策略。第二，"PESTEL 分析模型"。这 6 个字母分别代表政治（political）因素、经济（economic）因素、社会（social）因素、技术（technological）因素、环境（environmental）因素和法律（legal）因素。[4] 为了提升讨论的效率和针对性，可以适当根据这样的模型分析现象成因、思考措施对策，避免跑题。

（3）过程建议。建议运用"问题爆炸"（question burst）的方法，和别人一起，围绕要解决的问题提问。这样可以发现被忽略的全新视角，找到解决问题的可行方案。具体有三个步骤：①确定问题的背景。首先，确定一个要解决的难题。其次，找到合适的人参加讨论。再次，简要描述问题。最后，保持积极心态。②头脑风暴，发散提问。在 4 分钟的时间内，成员围绕话题尽可能多地提问，至少要提出 15 个问题，问题的数量很重要。提问的时候，要坚持两项重要规则：其一，只能提问，不要试图回答问题；其二，提问时不要铺垫和解释。③确定一项任务行动起来。

3. 形成课题清单

我们通过师生合作，从不同角度入手，将"山水之城 60 s"项目和"擦亮尘封的遗产"项目拆分成了若干个可供各项目小组选择的子项目："山水之城 60 s"项目下设"如何做好城市宣传、讲好重庆故事？""世界三大湾区的发展历程给重庆带来哪些启发？""研发'重庆两江之星'的是一群什么样的年轻人？""怎样缓解重庆西站出站难问题？""如何破解两江四岸发展痛点？""重庆如何更好地招才引智？"等问题；"擦亮尘封的遗产"项目下设"如何保护重庆的工业遗产？""'重庆文化'到底是什么？""百年重钢如何完成生死重组？""《最后的棒棒》的导演如何用较少的资金拍出了这么好的纪录片？""重庆如何做好文化遗产保护工作，弘扬中华传统文化？""来福士广场是对朝天门的开发还是破坏？"等问题，每个问题都可以作为一个子项目，学生也可以选择多个问题完成任务。这样，就形成了一份课题清单。

（三）项目计划

项目计划是第三个阶段。这个阶段的主要设计者是学习小组，主要设计对象是小组课题，设计原则是教师指导、学生自决，设计成品是交教师审核的项目计划书（表1），其中需要说明本小组的项目内容和范围、实施时间、职责分配及最终产品等。

表1　项目计划书

一、项目情况				
项目名称	大厂的背影：重庆工业回望，我们该如何守护另一个重庆？		项目编号	2.1
设计者	子项目二第一学习小组		使用者	审核教师
项目成员	张三、李四、王五……		计划时间	

二、项目描述

1. 背景说明：电影《钢的琴》里，描绘了这样一幅时代风情画，高高的烟囱不再冒烟，老旧的机器结了一层锈斑，破败的厂房里静坐着落寞的人们。不过，电影里可以仅将这些机器、厂房当作讲述故事的背景，现实中却需要正确安放这些时代遗留的宝贵资产。如何"擦亮尘封的遗产"，成为工业遗产何去何从的待解命题

在遗产保护上，我们听过太多的"悔之晚矣"。就工业遗产而言，昔日林立的厂房，大多数要么摇身一变成为广场楼盘，要么荒草丛生无人问津，白白流失了那些烟囱背后的历史气息。工业遗产不是城市发展的历史包袱，绝不该散作无用的岁月尘埃。不少人容易陷入一种思维定式，他们总是对历经上百上千年的古董葆有一种发自心底的历史敬畏感，却很少肯给予在我们的父辈甚至我们自己手中诞生的文明产物呵护

2. 学习目标：了解坚持"五大新发展理念"的必要性和重要性；了解每个发展理念的内涵与表现。运用分析模型探究在保护重庆工业遗产时应如何正确处理传统与现代的对立统一关系。确立"以人民为中心"的基本立场，并通过实践活动和项目产品积极承担社会责任

3. 项目成果：制作一本"重庆工业遗产导游手册"

三、项目历程

历史遗迹走访：816核工程→7012工程→双溪机械厂→红山铸造厂→第一兵工厂→四钢厂→嘉陵厂→特钢厂→三块石发电厂→天府煤矿南井

新文创区考察：中复·北仓→鹅岭二厂→喵儿石创艺特区→京渝国际文创园

续表

四、评价标准
线上线下成功销售产品"重庆工业遗产导游手册";引发人们对工厂遗产的广泛关注

五、项目假定与约束
假定:不仅能够实现学习目标,还能顺利完成制作、宣传和销售任务 约束:实践考察活动的经费、时间及安全问题

六、负责人及职责

姓名	类别	项目任务说明	工时估计	费用预算
张三	项目赞助人	负责提供资源支持	全程	
李四	项目经理	负责项目运营	每日	
王五	项目组成员	资料收集和整理	5 天	
××	项目组成员	拍摄和手册编辑	5 天	
××	项目组成员	撰写手册文案	5 天	
××	项目组成员	手册设计和营销策划	5 天	

七、项目进度表

周	1					2									3				负责人	OKR
阶段1	1	2	3	4	5	6	7	8	9	1	2	3	4	5	6	7	8	9	1	

三、最佳学习设计要兼具趣味与实效

好的学习设计是开展项目化学习的核心。我们在设计时,必须思考谁是设计的最终使用者,他们需要什么,使其能最大限度地参与项目并取得成效。总而言之,最佳的学习设计应该方便学生掌握,兼具趣味与实效,而不只是在思考和逻辑上成立。

所谓趣味,是指设计能激发不同风格的学生参与项目活动。好的设计可以对学生产生多层次的影响,使其认为学习内容引人入胜、充满意义,能享受学习过程。所谓实效,即设计能让学生在完成项目后更新认知,更具实践力。当学生达成目标后,其不仅获得了学科知识、技能与价值观,更重要的是,他们发展了高阶思维能力,如分析与综合、应用与创新、元认知等。

那么,趣味与实效的标准是什么?如何体现?即,好的项目化学习设计的特点有哪些?我们认为,第一,要有基于真实和明确挑战的表现性目标;

第二，关注有趣和深刻的想法、疑问、问题、难题，并且有明显的现实意义；第三，动手动脑的活动贯穿始终，提供更多沉浸式体验，并且是依据个体风格、兴趣和需要制定的个性化方案；第四，建模清晰，方法、分组和任务多样化，有充足的反思时间；第五，教师扮演协调者或教练角色，为试错营造安全环境，提供强大的反馈系统；第六，以系统思维统领全局，在设计与实施、部分与整体间良性互动。

教师可以从两个角度出发，通过六个启发性问题引导设计并思考：（1）学生是否知道他们将要去哪（目标），为什么是这条路径（项目主题），以及他们需要干什么（成果及评估指标）；（2）学生是否被吸引，进而进行深度学习（通过探究、调研、实验等发现并解决问题）；（3）学生是否有反思的意愿和能力（对情境性、条件性、策略性及自我认知的再认知）；（4）教师的学习计划是否考虑了学生的兴趣和学习风格；（5）教师是否能保证项目活动有组织、有序开展，使参与性和有效性最大化；（6）教师是否搭建了"脚手架"，以便于学生完成项目。

参考文献：

［1］夏雪梅.项目化学习设计：学习素养视角下的国际与本土实践［M］.北京：教育科学出版社，2018.

［2］格兰特·威金斯，杰伊·麦克泰格.追求理解的教学设计［M］.闫寒冰，宋雪莲，赖平，译.2版.上海：华东师范大学出版社，2017.

［3］中华人民共和国教育部.普通高中思想政治课程标准（2017年版2020年修订）［S］.北京：人民教育出版社，2020.

［4］韩嘉怡.深圳创意文化产业发展PESTEL模型分析［J］.中国市场，2014（33）：114-115，143.

项目学习：创建有意义的学习过程

——以《品德与社会》"学会创造"主题学习为例

匡楷文[①] 周 玲[②]

"我设计的是北京的苹果交通系统，因为北京堵车太厉害了，为了解决这个问题，在我设计的苹果交通系统中分层就显得特别重要，在重要的交通路口如西直门都需要分三层，而且这个分叉螺旋的形状很重要。""我设计的是一款苹果美容液，这种美容液较便宜，不像兰蔻那样贵，普通人也可以用，因为它以苹果为主要提取物，但是提取技术也是有专利的……"

以上来自学生的社会课堂，学生们围成一圈各抒己见。需要指出的是，这是基于项目的课堂，学生的学习是基于项目的学习。项目学习是 20 世纪初，在美国兴起而且至今广泛应用的一种学习方式。各个国家对于"项目学习"有各自的定义，虽然侧重点有所不同，但是总的来说都认为项目学习要求学习者围绕一个具体的项目，充分利用各种学习资源，在实际体验、探索创新、内化吸收的过程中，以团队为组织形式自主地获得较为完整而具体的知识，形成技能并获得发展。从这个操作性定义来看，在项目学习中，学习者自主探究、互相交流、不断反思，这个过程是学习者经历真正意义的学习的过程。

一、项目学习的过程：品德与社会课上的实践

依托《品德与社会》中的"学会创造"主题，教师在征求学生意见的基础上，决定开展一个"苹果树"项目。完成这个项目，大致经历以下环节。

---

① 匡楷文，江苏师范大学教育科学学院教师。
② 周玲，北京市海淀区中关村第四小学教师。

（一）明确任务

学生坐成一个圆圈，教师讲解任务：大家以小组为单位开设一个"苹果树"的项目，首先要分小组搭建自己小组的苹果树，然后在树上添加大小不同的理想的果子；苹果树搭建好了以后，要求各个成员查找阅读与苹果有关的故事准备小组交流。学生需要把自己查找的资料用自己的语言表述出来。学生非常好奇，他们觉得这样的学习是非常有意思的。只有他觉得有意思，才会主动去探索学习，才会把这种学习延伸到课外。项目学习能让儿童的学习变得有"意思"。在教学中，教师将知识、概念等融入项目任务之中，学生完成项目任务的过程，也就是其体验、感悟学科知识、概念、原理的过程，在此过程中，学生建构起学科知识、概念、原理的个性化理解，掌握了一定的技能，发展了自己的高级思维能力。接下来，有的学生阅读乔布斯的"苹果"是如何改变世界的相关资料，有的学生阅读关于牛顿万有引力的书籍，有的学生阅读亚当和夏娃的传说，项目真正推动学生主动并深刻地阅读。

阅读的重要性不言而喻，而有效的学生阅读不只需要关注提供给学生哪些文本，还要关注学生阅读的起点——学生在成长、生活中将要遇到和解决哪些问题。在解决问题的过程中学习知识，或者说学生进入一种学习情境，即带着问题去学习知识。只要学生能够进入问题状态，寻求知识就会水到渠成。按照学习科学的观念，学习就是建立"连接"，儿童在成人的引导下，通过分析自己的问题，以自我反思、同伴互助的形式，在多元的对话中创生出新意义，进而选择信息并解决问题，这就是最好的学习。

（二）各小组成员设计属于自己的"第四个苹果"

学生可以大胆想象，创造"第四个苹果"。学生需要解释怎么样设计和为什么要这样设计的问题，最终要有自己大致的规划，这些规划要写在自己创建的"苹果"模型上，并最终挂在小组搭建的苹果树上。有学生设计了"苹果交通系统"，为了解决实际生活中的堵车问题，他阅读了《乔布斯传》等图书，还翻阅了一些英文资料，他要用数学的思维画出自己理解的模型，甚至专门请教美术老师，怎样让这个图看上去更美观。特别有意思的是，这位同学最初居然把图画成一个"莫比乌斯圈"，有同学给他指出后，他马上再阅读再思考，并做出调整。虽然，学生的"模型"还很稚嫩，但是在这个过程中，他们调动各个方面的知识储备或者通过进一步阅读各种知识，最终解决的是一个综合的问题。学生在解决问题的过程中，在知识间建立起联系，从而培养了创新思维。能在不同学科之间、前人经验和现有的经验之间建立联系是创造性思维的一个特征。但是，目前我国中小学主要进行的是分科教学，不利于这一思维的培养。在"苹果树"项目中，项目给学生提供一种学习的经历，使学生能够构建综合知识，这种知识的构建是通过如下的程序来实现的：学生确定问题，寻求解决问题的办法，调动自己已有知识储备对问题进行研究、分析并合成，最后形成新的知识和产生新的问题。

（三）每名学生都参与展示自己小组的苹果创意

教师充分肯定各组的想法，鼓励不同小组成员间互相质疑、补充，不断构建新知识。在"苹果树"项目中，有学生在钻研自己的"苹果交通系统"中，发现教师上课说的引桥的长度要达到的具体数字可能不是真的，为此，他除了阅读相关图书外，还请教了身边的数学家，证明自己设计的苹果交通中引桥的长度可以小于这个固定数值；有学生设计的是"苹果飞行"系统，需要研究空气流动的问题，研究后他得知在阅读中所见的大雁如果排成"V"字飞行，能使飞行能力提高71%这一结论不成立……不仅如此，学生之间也会因为一些问题而发生争论。基于项目的学习能给学生提供多种方式参与和验证他们学习的知识，他们在参与项目中主动获取知识并发现问题，当他们自己的发现与某种已有知识发生矛盾的时候，他们会激动，教师抓住这个机会，引导他们进行继续研究，在研究中，学生会主动去解决问题、发现问题，在这一过程中他们不断地推翻自己的思考，这适应了不同的学生的需要，为学生开展个性化学习创造了机会。从这个意义上说，项目学习促进了学生批判性思维的形成。苏格拉底提倡在接触某种有价值的观念时要提出问题，而不是直接接受。他的重要思想——产婆术，就此诞生。而亚里士多德延续西方学术中求真、质疑的深远传统，他说："吾爱吾师，吾更爱真理。"

（四）同伴之间互相评价与教师综合评价

各组展示完之后充分讨论，学生都选择了自己喜欢的"苹果"，最终教师做出评价。项目学习的评价有难度，笔者引导学生专门设计了"常青藤护照"（因为笔者尝试的项目学习是在"常青藤"课程之中进行[1]）。项目学习的评价以过程性评价和自我评价为主，注重培养学生关注学习过程的自我评价意识。在学习活动中，教师引导学生关注学习的过程，引导学生养成自我评价意识。比如，一个学生过去沟通能力较差，不会解决问题，今天会解决简单的问题了，要引导他学会对比：虽然现在没有表达很多，但是自己努力了，有一定的进步，学会了一些本领。在评价的前后对比中，学生会认识到：今天进步了，明天要比今天做得更好。这种评价能促使他们不断健康积极成长。学生自己设计"常青藤护照"，在护照中，每个人可以选择自己是组织者或者是参与者。此外还包括项目中提出了什么问题，是怎么解决的；在项目实施中谁的想法最关键；"我"从同伴那里得到了什么启发；在这个项目中自己第一次尝试的事情是什么，有什么需要改进的地方；学生也可以让同伴、家长、老师或者其他人在自己的"常青藤护照"上留言。当然，最终各小组以及个人可以将自己的创意再修改，完成时，把他们的"创意果"挂在小组搭建的苹果树上，并放在可供大家欣赏的区域。

由以上项目学习的过程可以看出，学生需要在做项目的过程中调动各方面的知识来解决问题，因此项目学习有利于学生在各个学科知识间建立联系，同时有利于学生的知识建构和迁移。

二、项目学习的实质：儿童经历了真正意义上的学习

儿童的学习总是与一定的社会文化背景，即"情境"相联系的，在实际情境下学习，可以使儿童利用自己原有认知结构中的有关经验去同化和检索当前学习到的新知识，从而赋予新知识以某种意义。在"苹果树"项目中，学生有具体的事情做，在这个情境下，学生需要调动原有的知识经验设计有意思的具体项目并制定切实可行的计划。在这个过程中不断有新的问题出现，

学生在不断解决问题的过程中学习新知识并形成自己的价值观。这样的学习与"直接给予"是完全不一样的。韦钰院士认为"做中学"可以改变孩子的生活态度和生活方式，使他们学会和他人进行有效交往。这一点我通过实地课堂观察深有感受。

品德与社会课是一门综合性的课程，这门课程有一个很重要的任务就是道德教育，而目前道德教育最大的问题是知行不一。过去的品德课程给人的感觉是单纯的道德课，因为内容大多是从道德视角去观察和分析，道德知识很集中，但在实践中，学生厌烦说教，课上，学生仅听教师说教，对现象的感知、体验是表面的。改进这门课程，项目学习的引入是重要视角。不仅是品德课，所有学科的课堂，都应指向让学生经历真正意义上的学习的过程。

参考文献：

[1] 周玲，李晓琦. 价值观教育的新路径——北京市中关村第四小学"常青藤"课程的实践探索 [J]. 人民教育，2013（06），42-45.

高中"公民政治生活"的项目化实施

钱剑波① 甘全军②

《国家中长期教育改革和发展规划纲要（2010—2020年）》中提出："加强公民意识教育，树立社会主义民主法治、自由平等、公平正义理念，培养社会主义合格公民。"高中阶段是公民培养的关键时期，高中生的人生观、价值观、世界观即将定型，迫切需要有效的教育手段为其进入社会、成为合格的社会主义公民打好基础。毋庸置疑，参与公民政治生活，在实践中培养公民素质是最有效的手段。然而，长期以来，我们对于学生参与公民政治生活的途径、方式、硬件保障等的研究还远远不够。对此，借助当前的高中新课程体系，我们尝试搭建一个有效平台，充分发挥普通高中思想政治课程和综合实践活动课程的优势，在此基础上开发独立的公民体验校本课程——改进公共政策课程，以项目实践的方式进一步落实国家对公民有序参与政治生活的要求，强化学生公民素质的养成。

一、改进公共政策项目实践的课程基础

高中公民意识教育的内容集中在思想政治学科。正如人教版思想政治2必修教材《政治生活》中指出："通过学习这门课程，你可以进一步认识现实生活中的政治现象，获得相关的知识，提升参与政治生活的素养和能力，增强公民意识和国家观念。"[1]教材第一单元"公民的政治生活"中指出："参与政治生活，贵在实践。在我国，公民参与政治生活的方式和渠道是多种多样的，例如，参加民主选举，参与民主决策、民主管理、民主监督活动，参加政治社团活动等。"[1]单元末的"有序与无序的政治参与"综合探究

---

① 钱剑波，浙江省余姚市第四中学综合实践高级教师。
② 甘全军，浙江省余姚市第四中学政治高级教师。

环节，对实践做了原则指导和案例评析。然而，在现行的思想政治课课时安排下，完全落实此要求还有一定的困难。落实公民意识教育最有效的手段就是实践参与，而综合实践活动课程强调的正是综合性、实践性与体验性。因此，思想政治课程与综合实践活动课程的整合，为公民意识教育提供了支撑和保障。而建立在二者互补基础上的公民体验课程——改进公共政策项目实践，其价值不言而喻。

二、改进公共政策项目实践的课程结构与实施原则

改进公共政策项目实践课程的总体思路，是把思想政治课中公民意识教育的知识框架和实践构思嫁接到综合实践活动课程中，在公民理念引领下，展开改进公共政策项目实践，借此培养具有政治认同、科学精神、法治意识和公共参与能力的现代公民。

（一）课程结构

课程由四个板块组成。第一板块，课程概述。包括使用说明、课程目的、实施方式、学习目标、课程设置、章节介绍。第二板块，公共政策研究。包括公共政策概述和中学生研究公共政策的常用手段说明。这是实践操作前必要的知识储备和方法培训。第三板块，改进公共政策项目指导。包括如何组织项目团队，如何设计改进方案，如何推动方案实施，如何做项目评估等。这是课程的核心部分，是思想政治课程中公民政治参与的实践构思在综合实践课程中的体现，也是项目学习方式在公共政治生活中的拓展。第四板块，优秀案例评述。以学校历年来的优秀项目为例，直观呈现每一个项目的起因、发展、结果与后续影响，引领并吸纳新的案例，使课程滚动发展。四个板块的内容大致呈逻辑先后关系，也有交叉往复，有机统一。

（二）实施原则

课程实施既应遵循思想政治课程要求的公民参与原则，即程序性原则，又应符合《中小学综合实践活动课程指导纲要》所规定的自主性、实践性、开放性、整合性、连续性等原则。

改进公共政策项目实践是体验性的公民政治生活，学生在参与调查、研

究、完善公共政策的实践过程中获得知识技能，强化责任意识，所以课程实施中应突出强调以价值观为驱动的行为体验，在具体行为中加强价值观引导。

课程实施由课堂教学和项目实践两部分组成。课堂教学是组织的纽带，负责实践活动需要的基本知识普及和项目流程监督；项目实践是课程的核心，由学生在真实的环境中自行生成。两者交互进行，互为承补。

三、从优秀案例看改进公共政策项目实践的具体过程

（一）选题确定

余姚市第四中学将改进公共政策项目实践课程作为校本化的综合实践课程排入课表，每两周安排一课时，由专职教师施教。2012 年 12 月 16 日，宁波市瀛洲区（原江东区）徐戎三村 2 幢居民楼倒塌事件，引起了学校改进公共政策项目实践小组成员的注意，他们觉得安全大于一切，此事件涉及的公共政策问题必须优先考虑成为项目选题。初步调查后，他们发现了"危房政策"的逻辑死结，即要解危必先鉴定，而鉴定得先申请，申请的第一条件就是全体住户同意，这在现实中基本实现不了。例如，徐戎三村 2 幢的居民两年前就申请了鉴定房屋安全，一直通不过，直到倒房。于是学生决定着力攻克这个政策缺陷。寒假，他们走访了余姚市各老旧小区，确定安全鉴定申请问题普遍存在，在此基础上提出改进建议，形成政协提案，请学校里的政协委员递交上去。在这一过程中，学生在预设和调查的基础上做出逻辑推导，找到政策缺陷，做出有针对性的定案，按步骤推进，体现了综合实践活动课程中的社会调查特点。

（二）项目推进

2013 年 4 月，余姚市住房和城乡建设局领导到学校解释提案，以宁波市地方法规所限为由婉拒建议。学生继续向宁波市住房和城乡建设委员会反映，要求建立住房安全信息查询的常规途径，也被以同样理由婉拒。最后，学生得到宁波市人大代表的帮助，向宁波市人大常委会法制工作委员会当面反映，要求修改《宁波市城市房屋使用安全管理条例》，得到肯定回复。

这一过程体现了政策的推进过程，依据是国家对政府工作的监督程序和

议事规则，可以看作思想政治课程公民政治生活的实验版。它的核心是有序参与，表现在：从民意中获取道义力量，从程序和规则中获得话语权。学生到余姚市最破旧的小区实地察看，广泛集中民意并形成共识。他们运用所学知识，坚持政治观点，积极有序地参与政治生活，选择正确的途径进行民主监督和民主协商，如写信访件、网络问政、联系人大代表和政协委员、直接面呈方案，辅以街头宣传、媒体采访等。其中并非所有渠道都是通畅的，需要具有耐心。这一过程是公民理念的印证过程。公民与政府的关系是国家的主要关系，学生以平等身份与官员对话，主动参与社会治理，体验权利与义务的平等，养成公民意识，获得公民能力，形成公民价值观。项目的曲折反复，是社会现实的映射，学生可以借此得到真实的社会认知，学会坚持与妥协，获得勇气和毅力。这是成为合格公民的必备条件，是实践教育的精髓，是思想政治课程所大力提倡与追求的"活动型课堂"。

（三）政策完成

政策的完成往往需要外力的推动。在得到宁波市人大常委会的书面答复后，项目组成员继续关注危房现状，争取舆论关注，力争新法规落地，其行动陆续见诸《钱江晚报》、浙江卫视、《东方早报》等重要媒体。2013 年 10 月，余姚市受台风"菲特"影响，遭遇洪灾，损失惨重，受到全国关注。学生奔赴受灾最严重的花园新村，察看现状，收集民意，联系媒体；还和北京师范大学减灾与应急管理研究院的研究生一起进行巨灾保险的数据采集。在 2014 年 4 月宁波市奉化区危房倒塌之后，学生连线浙江之声新闻直播室，和宁波市人大代表、法工委领导等展开公开讨论。其间，又给政府部门写了数封信访件，了解修法进程。

最具决定性的外力来自政治形势。2014 年 10 月，党的十八届四中全会提出依法治国方略，浙江卫视当即将余姚市第四中学危房项目作为本省开门立法、广开言路的典型案例播出。随后，《宁波日报》头条登出《一项高中生社会调查推动法规修改——我市形成各界人士积极参与的民主立法生动局面》，《中国教育报》头条登出《宁波高中生推动地方法规修订》，各大媒体纷纷转载。2015 年,《宁波市城市房屋使用安全管理条例（修订草案）》（修改稿）通过浙江省人大常委会审议,于 9 月在《宁波日报》全文刊登。至此,项目取得了圆满结果,其第一批成员已经进入了大学,这种影响会伴随他们终生。而法规的实施效果如何,又给项目留下了巨大的生成空间。

在改进公共政策项目实践中,学生自觉履行"平等参与、理性批判、民主协商、责任担当"的公民行为,遵守权利与义务的统一,在法治框架内推动项目进展,在实践层面印证了社会主义核心价值观与公民培养的逻辑互洽。在价值观形成的关键期,项目实践使学生真切体会到了为公众事务做贡献的快乐、充实、高尚,有助于其摆脱"小我"的狭隘圈子,提升人生境界,使其终身受益。

参考文献:

[1] 教育部普通高中思想政治课课程标准实验教材编写组 . 思想政治 2（必修）政治生活［M］. 北京：人民教育出版社,2018.

项目学习：提升学生语文素养的有效学习方式

吴素荣 ①

《普通高中语文课程标准（2017 年版）》（以下简称"高中语文新课标"）颁布后，我们惊喜地发现，其中的"任务群""创设情境""关注生活"等理念和项目学习倡导的"整体学""做中学""基于任务""基于成果"的教学理念相当吻合。这些是当前语文教学改革的核心词，也是项目学习的核心词。初中一线语文教师如何借鉴高中语文新课标的思路改进教学？整合教材，重组教学资源，运用项目学习进行组织和实施，是一条可供借鉴的好路径。

一、项目学习——促进新教学理念的落实

1. 基于课标，变"碎片学习"为"整体学习"

多年来，语文学习的"碎片化"是导致学习效率低下的主要原因。高中语文新课标提炼了语文学科核心素养的四个方面，即语言建构与运用、思维发展与提升、审美鉴赏与创造、文化传承与理解。同时强调，这四个方面相互依存、相辅相成，是不可分割的整体。

基于此，初中语文教学应基于语文学科核心素养，整合现行教材与教学资源，设计出符合学情的集语言训练、思维发展、审美情趣、文化传承为一体的学习大单元，让学生经历有预设、有生成、有探究、有体验、有反思、有互动、有成果、有评价的完整的学习过程。具体设计时，可按如下思路：（1）提炼学科核心知识，明确单元学习目标；（2）确定单元名称，精心选文，组建"文章群"；（3）设计直指高阶认知的驱动任务，明确项目作品；（4）分解任务，制订评价标准；（5）公布作品，完成项目反思。在这个完整的学习

---

① 吴素荣，山西省教育科学研究院普通高中课程教学研究中心语文教师，中学高级教师。

过程中，让学生边阅读、边实践、边反思，悟语言运用技巧，启思维发展窗口，升审美鉴赏水平，传民族文化精髓。

值得注意的是，这里的"整体学习"，是指向核心知识的一个完整的学习过程，追求语言、知识、技能、思想情感、文化修养等多方面、多层次发展的综合效应。整体学习的目标，既不单指事实性知识，也不单指技能性知识，而是与学生成长、与真实世界紧密联系的指向语文学习本质的关键概念与必备能力。

2. 基于教材，变"教材内容"为"学习项目"

现行统编版初中语文教材的单元结构有两条线索，显性的一条突出"内容主题"，隐性的一条突出"语文素养"。这些隐性的语文素养，包括基本的语文知识、必需的语文能力、适当的学习策略和学习习惯，以及写作、口语训练等，它们由浅入深、由易及难地分布在各单元课文导引或习题训练中。在具体教学中，教师要统观全局，厘清其"隐性"的知识体系，基于"内容主题"延伸拓展，组建出"教读—自读—课外阅读"三位一体的"文章任务群"，渗透语文知识和必备能力的落实；还可把若干板块的教学内容穿插安排，灵活调换，有机重组，变"教材内容"为"学习项目"。也就是说，用好项目学习这种学习方式，可以充分挖掘教材内涵，更好地发挥教材的功能。

例如，统编版语文教材七年级上册第三单元的显性内容是"学习生活"，隐性语文素养为"学会人物描写"，选文依次有《从百草园到三味书屋》《再塑生命的人》《〈论语〉十二章》；同时，写作板块要落实的是"写人要抓住特点"。这些其实已经很明确地告知我们本单元要落实的语文学习目标了。再统观整个七年级上册，"描写"是个核心词。其中，第一单元属于景物描写，第二、三、四单元虽主题内容不同，但都属于人物描写，第五单元属于动物描写。显然，人物描写又是这三种描写中的重点。

学习这一单元时，为突出人物描写的学习重点，我们做了如下尝试：

（1）满足学生所需，调整学习顺序。将第三单元与第一单元调换，安排在学生入学军训后第一周学习。因为此时学生刚刚跨入新环境，急需熟悉新校园，结识新朋友。学生学习的过程，也正是走进新校园、亲近校园人物的过程。这种满足学生所需的学习，自然能激发学生的学习兴趣。

（2）确定项目主题，明确学习目标。综合本单元显性学习内容和隐性语文素养，确定项目学习主题为"结识新朋友"，学习目标是学习运用语言、动作、神态、心理等描写方法准确描摹人物，凸显人物性格；学会在日常生活中重视观察、重视人际交往，关注身边人物，懂得赏识、接纳和包容。

（3）整合相关文本，有效落实人物描写。在教材原有三篇文本的基础上，整合了表现学习生活、描写校园人物的五篇名家作品，包括马及时的《王几何》、舒婷的《在澄澈明净的天空下》、秦文君的《伟人细胞》、毕淑敏的《悠长的铃声》、陈忠实的《晶莹的泪滴》。

（4）明确项目任务，设计项目活动。为助推学生高效完成项目学习，我们制定了"编辑校园人物画像集"的驱动任务，并将活动分解为"认识新学校""边读边写""整理画像集"三项活动。完成"边读边写"时，又按选文内容设计了"发现最动人教师""推举最个性同学""评选最美校工"三次微写作活动，引领学生在完成任务中领悟人物描写内涵，体会人物描写在实际生活中的重要意义。

二、项目学习——助推有意义的语文学习

1.基于任务，实现有成果的语文学习

在项目学习中，学生一开始就要明确本次学习需要解决什么问题或完成什么作品，更要清楚本次所学的知识是用来做什么的，对自身发展和认识世界有怎样的价值。这种直击学习成果的任务，既激发学生学习的内驱力，又增强其学习的使命感。为了创造出真实完美的作品，学生既需经历问题解决、创造、分析等高阶认知学习，又要体验资料查找、信息处理等低阶认知学习。通过"做"与"学"的深度融合，实现对知识的深度理解。这里的"做"，不

只动手，更需动脑，学生要在富有挑战性的任务驱动下，边实践、边反思、边成长。

以"结识新朋友"项目为例。项目伊始，我们就明确告知学生本次要完成的作品是制作图文并茂的"校园人物画像集"。为完成这个作品，学生需经历"观察走访—边读边写—编辑制作"的过程，而在边读边写环节，还需完成"教师风采""同学剪影""校工情怀"三个系列的作品。只有在精心完成这三类作品后，才能动手编辑"校园人物画像集"。编辑的过程，还需反复评价、分析、修订和完善，直到创造出"校园人物画像集"这个作品。

2. 基于情境，完成有意义的语文学习

项目学习的情境，不是一般的课堂情境或家庭作业，而是通过任务驱动让学生切身体验学习的经历，领悟知识与世界的某种联系，完成真正有意义的学习。在具体的情境学习中，每一位参与者都是学习的主人，他们需运用学到的知识解决真实生活中遇到的困难，并积累经验，为将来的成长做准备。比如，在"结识新朋友"项目学习中，学生的观察走访并不只为走过场，而需要经历"制定方案—预约—记录—材料整理"等真实的情境，需要走出班级，实实在在地采访校长、教务主任或某位校工。采访时，小组内的各成员要相互配合，共同完成任务，必要的时候，还要解决学习中遇到的困难，比如如何约见校长，如何说服不愿受访的同学或校工等。即便是完成微写作，也不是"闭门造车"，而需要认真观察、沟通交流并深入人物内心，通过"发现最动人教师""推举最个性同学""评选最美校工"等实实在在的活动，塑造出立体的人物形象。边读文本，边观察人物，边完善微写作，是带着任务、有预设、有思考、有验证地"写"。

只有在这样真实的情境中，在与新朋友的交流互动中，学生才能真正悟出人物描写的方法，习得在陌生环境中与人交往的技巧，练就成长历程中尽快融入新环境的本领。因为是在真实的情境中实实在在地去做，学生能充分体会到语文之于生活的意义和价值。这种带着任务的有成果的学习，是既动手又动脑的有意义的学习。

三、项目学习——助力学生语文素养的提升

1.项目学习促进学生对知识的迁移和深度理解

有效的项目学习往往指向具有概念性质的核心知识，能够促进学生对知识的迁移和深度理解。比如，"结识新朋友"项目学习，不只满足于让学生制作"校园人物画像集"，还要让学生在完成作品的过程中充分认识语文学科的一个重要概念——人物描写，理解人物描写的内涵，掌握人物描写的方法；更主要的，是要通过学习这一核心知识，使学生发现人物描写对与人沟通的意义，为未来生活中如何融入新环境积累经验，完成知识的迁移和运用。也就是说，当学生能够运用在本项目中学到的描写校园人物的方法，准确、生动地描写生活中遇到的其他人，或者再次进入一个新环境时，能尽快与人沟通交流，融入新环境，那么这样的学习就是有效的、高质量的学习。

2.项目学习成就学生的创造力和心智品质

人的学习能力不是与生俱来的，学习中的各项能力不能割裂开来，而是在与真实情境的互动中习得，并逐渐融为一体的。项目学习有八大"黄金准则"：（1）重点知识的学习和成功素养的培养；（2）解决一个有挑战性的问题；（3）持续的探究；（4）项目的真实性；（5）学生对项目持发言权及选择权；（6）学生和教师在项目中不断反思；（7）评论与修正；（8）项目学习成果的公开展示。[1]基于这八大"黄金准则"的项目学习，能让学生有效获得核心知识和关键能力，奠定语文核心素养的扎实基础，促进学生整体素养的提升。让学生在现实生活中遇到的不同情境里，有能力应用自己所学的知识，调动生活经验，完成特定情境下的具体任务，进而发展为一定的专业能力；能创造性地解决真实世界中的现实问题，成为有一定价值准则和独立判断、富有创造力的心智自由的人。

总之，我们提倡的项目学习是基于学生和现实需求的真实而有意义的学

习方式，这种学习方式能够促进学生实实在在地阅读，实实在在地思考，实实在在地写作；能够促进学生主动学习，并将获得的能力凝聚为学习智慧和学习品质，用更开阔的视野了解世界，从容应对未来生活中随时出现的诸多问题，有效达成课程育人的目标。

参考文献：

［1］夏雪梅.项目化学习设计：学习素养视角下的国际与本土实践［M］.北京：教育科学出版社，2018.

高中语文项目化学习设计探究

张学明 ①

语文项目化学习对于实现高中语文课程从"知识本位"向"育人本位"转变，从"碎片学习"向"整体学习"进发，促进学生深度学习，推动学生核心素养提升具有重要价值。基于此，本文从"依据课程标准，精准把握项目选题取向""创设学习情境，整合构建项目学习体系""优化测量评价，提升完善项目学习效度"三个维度探讨高中语文项目化学习的设计策略，以期引导高中语文教与学方式的转变。

一、依据课程标准，精准把握项目选题取向

《普通高中语文课程标准（2017 年版）》（以下简称"语文课程标准"）首次提出了"语文学习任务群"的概念，"'语文学习任务群'以任务为导向，以学习项目为载体，整合学习情境、学习内容、学习方法和学习资源，引导学生在运用语言的过程中提升语文素养。若干学习项目组成学习任务群"[1]。项目化学习的开展，有利于学生在真实言语实践情境中通过思考、认知和关联，进行复杂的决策，有利于学生创造力和批判性思维的形成，进而提升学生的语文核心素养。

"语文学习任务群"作为课程架构的核心元素，承载着课程目标有效落地的任务，它明确了在语文项目化学习中应该学习哪些内容，经过具体的语文项目化学习后应该掌握哪些核心知识和关键能力。落实"语文课程标准"的精神与理念，可依据"学习任务群"的要求和特点选定项目学习主题，进行项目设计与实施。坚持整体设计，统筹安排，体现层次结构与差异。

---

① 张学明，黑龙江省大庆实验中学教师。

二、创设学习情境，整合构建项目学习体系

1.基于"教材"，设计学习项目

依据"语文课程标准"编制的高中语文统编教材"以人文主题和学习任务群两条线索组织单元，建设全新的教材整体框架设计体系"[2]，其课文的设计思路和组织编排基本遵循了"以人文主题为线索组织单元，强化立德树人教育""以学习任务群为线索组织单元，重视核心素养的养成"[3]。首先，人文主题线索围绕"理想信念""文化自信""责任担当"又分解为若干小主题。例如，高中语文统编教材必修下册分别涉及以下人文主题：中华文明之光、良知与悲悯、探索与创新、媒介素养、使命与抱负、观察与批判、不朽的红楼、责任与担当。其次，学习任务群线索则主要根据不同学习任务群的特质和要求，采取以读写为主和语文综合实践活动为主的学习形式。

高中语文统编教材的编制为语文项目化学习的设计与实施提供了可供选取的切入口。在语文项目化学习的设计与实施中，教师要统观全局，厘清教材内容的素养要求，基于人文主题，依据教材单元的不同特质和要求，设计学习项目；同时亦可以根据学情和项目设计需要，整合语文教材内容，打破单元限制，进行有机组合，将教材内容真正变成学习内容。

例如，高中语文统编教材必修上册第一单元的人文主题是"青春风采"，选文有《沁园春·长沙》《立在地球边上放号》《红烛》《峨日朵雪峰之侧》《致云雀》《百合花》《哦，香雪》。本单元的课文从体裁上分为诗歌和小说，主题都涉及青春风采。根据这样的特点，学习这一单元时，我们做了如下尝试。

（1）明确项目主题。综合本单元的学习内容，确定项目学习主题为"炫彩青春，梦想发声"。学习目标是通过阅读诗歌、小说作品，了解诗歌、小说的基本特征和主要表现手法。通过阅读鉴赏这些诗歌、小说作品，分析形象、揣摩语言、体味主旨，探索其蕴含的富有青春意味的独特内涵。

（2）设计项目活动。学校为给学生提供真实的学习情境，组织学生志愿者前往乡村学校，开展一场"炫彩青春，梦想发声"的志愿宣传活动，要

求学生结合本单元的学习内容，采取演讲、汇报、书信、课本剧等形式进行展示。

（3）整合学习资源。除了本单元涉及的7篇选文外，引入整本书阅读与研讨的资源——杨沫的小说《青春之歌》；视频资源——百度总裁李彦宏的为你读诗《当你老了》；班级"黄金时代"公众号教师原创文章《520叮嘱》；2019年高考作文题及教师原创作文《铁肩担道义，青春正当时》；习近平在纪念五四运动100周年大会上的讲话。

2. 基于"任务"，设计学习项目

高中语文项目化学习的设计应以"语文课程标准"的"学习任务群"为导向设计学习任务，以任务为驱动推进语文项目学习进程。"语文课程标准"共设计了18个学习任务群。每个学习任务群既是课程内容，也是学习目标和学习路径。以"学习任务群5 文学阅读与写作"为例。"本任务群旨在引导学生阅读古今中外诗歌、散文、小说、剧本等不同体裁的优秀文学作品，使学生在感受形象、品味语言、体验情感的过程中提升文学欣赏能力，并尝试文学写作，撰写文学评论，借以提高审美鉴赏能力和表达交流能力。"[1]该学习任务群是高中语文重点学习内容，在项目的设计上，我们设计了请班级同学参与高中语文教材编写的任务。任务要求学生组建教材编写小组，各小组采用自主、合作、探究的方式，按照"语文课程标准"的要求，协助完成一个单元的语文教材编写任务。教材编写要包括单元导语、选文依据、课后习题、实施建议等，学生在实际项目推进中要充分"根据诗歌、散文、小说、剧本不同的艺术表现方式，从语言、构思、形象、意蕴、情感等多个角度欣赏作品，获得审美体验，认识作品的美学价值，发现作者独特的艺术创造"[1]。

3. 基于"学情"，设计学习项目

语文项目化学习的选题、设计与实施除了以语文学科本质、课程标准和教材内容作为依据，还需要基于"学情"。即以学生已有的语文水平、现阶段的思维特点、发展需要和真实语文学习问题为凭据，对学生已有的语文知识、关键能力、学科观念、生活经验、思路方法等方面进行探查、分析和诊断，并在此基础上选择、设计学习项目。

一是基于学生真实的问题设计学习项目。在语言文字运用的过程中，随着探究意识的不断增强，学生会不断发现新的问题，提出新的思考。基于此的语文项目化学习，其项目选题必须指向语文学科的核心知识、概念，不能泛化为跨学科的知识，不能为"任务"而任务；需要在具体的言语实践活动中推进项目学习，不能虚化为无目的的活动，不能为"活动"而活动，而忽视了真正指向语文学科核心知识和概念的理解，忽视了学生语文核心素养的提升。

二是基于学生真实的学力设计学习项目。这要求语文教师在组织学生开展语文项目化学习时，应将学生语文学习的各个阶段联系起来，从高中语文学习的全局出发，关注语文核心知识和核心概念、相关单元与学习任务群之间的内在联系，整合建构整体的语文项目化学习体系。在这样联系的、情境的、整体的学习观下，合理辨析学生在不同学段、学年和学期的语文学习中所表现出的真实学力、思维特点的差异，梳理出语文学科核心素养在不同阶段的进阶发展要求，进而设计与之相适应的语文项目化学习内容，实现高中语文学习中将"知识内容"转化为"学习任务"的目标，促使学生深度学习的发生。

三、优化测量评价，提升完善项目学习效度

1.倡导多元评价主体

语文项目化学习的评价要坚持评价主体多元化，评价主体要多维度、全过程实施有效评价和测量。

第一类评价主体是语文教师。语文教师首先要深度理解持续性评价的意义和价值，在具体的"发现问题—设计项目—操作实施—成果呈现—评价测量"的过程中实施测量评价。第二类评价主体是学生。学生在语文项目化学习中对自我和他者可以做出合理恰当的评价。一是学生可以根据自己的表现结合项目化学习的进程给予自己评价；二是学生可以根据项目化学习过程中的实际表现对团队成员进行评价。第三类评价主体是其他学科教师、家长、

教学管理人员及其他相关社会人士等。如其他学科教师的评价可以从学生语文项目化学习中涉及本学科的核心知识和核心概念出发与语文教师交流、沟通，提出自己对学生在项目化学习方面存在的问题和优势；家长评价可以从学生在语文项目化学习中的"公开成果"，以及过程中的态度表现等进行评价。

2. 丰富多维评价方式

"语文课程标准"在评价建议方面提出："语文教师应根据实际需要，整合诊断性评价、形成性评价、终结性评价等多种评价方式，考查学生核心素养的发展情况。"[1]语文项目化学习要避免项目学习流于活动化、浅表化，实现项目学习的效度。

要注重整体性评价。这要求在项目选题中坚持诊断性评价，以学生的年龄特点、认知水平、学习兴趣和真实学力作为项目选题的考察关键。在项目的设计和实施过程中，注重形成性评价，使其贯穿项目化学习的始终。项目的公开成果展示，要根据成果的呈现效果形成终结性评价。

要注重真实性评价。语文项目化学习的测评本身也是一个学习过程，它要更多地从学生实际需要、感受以及每位学生的实际收获出发，而不是仅仅从"教的效果"去考虑。基于这样的特点，要借助学生自身、团队成员、教师以及其他主体参与评价，选择汇报、分享、研讨、报告等多种成果展示方式，充分运用成长档案袋和量表等测评工具，在这个过程中实现和促进学生更有深度地学习。

3. 完善优化评价标准

测量评价标准的制定，应该从"语文课程标准"的落实、语文学科核心素养的提升、项目化学习主题目标的实现、评价指标的可操作性等维度对评价要素、评价原则、评价方式等给予关注。

一是评价标准是否有利于学习目标的实现。这些评价标准必须真实地反映学生参加项目化学习的学习过程、学习结果、学习态度、学习行为，必须符合学生真实的年龄特点、思维特点、学力水平和实际需求。

二是评价标准的内容和学习内容的契合度。评价标准应该紧紧围绕项目化学习的内容进行，能够充分调动语文教师、学生、家长等多元评价主体运用多种评价方式对项目选题、项目设计、项目实施、成果呈现进行持续性评价和真实性评价。

三是公开评价标准，师生共同优化完善。评价标准的制定要公开透明，在项目开展之初，让每位学生了解，唯此学生才能对照评价标准对自己在项目设计和实施中的表现进行自我评价，并对其他成员进行同伴评价。同时，倡导师生共同参与评价标准的优化和完善。只有真正调动学生参与到评价标准的制定和执行中来，才有助于提升学生的评价测量能力和理解认知能力，才有助于提升学生参与项目评价的成就感和获得感。

参考文献：

［1］中华人民共和国教育部．普通高中语文课程标准（2017年版）［S］．北京：人民教育出版社，2018．

［2］王本华．统编高中语文教材的设计思路［J］．人民教育，2019（20）：55-57．

［3］张晓毓．强化立德树人教育　重视核心素养养成——统编版高中语文教材使用与教学策略建议［J］．基础教育论坛，2019（10）：6-7．

基于项目式学习的"当代文化参与"实践探究

——以高中语文统编教材必修上册《家乡文化生活》为例

朱再枝[①]　何章宝[②]

《普通高中语文课程标准（2017年版）》（以下简称"新课标"）中提出，"当代文化参与"学习任务群旨在通过参观、考察、调查、访问、梳理、探究等活动，引导学生关注和参与当代文化生活，以增强学生文化自信，提高学生语文综合实践能力。这一任务群的学习具有活动性、综合性、实践性强等特点，如何实现语文学习与实践活动的深度融合呢？项目式学习是一种导向核心素养养成的学习方式，它强调以学生为主体，引导学生在"做中学"，突出学习的过程性、实践性，因此，我们认为项目式学习可以与"当代文化参与"学习任务群目标要求的落地实现对接与价值转化。

普通高中语文统编教材必修上册第四单元"家乡文化生活"是由人文主题"家乡文化生活"和学习任务群"当代文化参与"两条线索组成的综合实践单元。本单元在学习目标、情境、内容、方式等方面有着较大的突破与创新。具体表现为：学习情境多为真实的生活情境，学习内容与资源主要来源于现实生活和相关文献资料，学习方式采用采访、考察、调查和查阅文献等形式。基于此，本文以"家乡文化生活"单元为例，探索基于项目式学习的"当代文化参与"学习任务群实践路径。在实践中，笔者以选择研究项目、规划方案、项目设施、评价与反思项目式学习的四个关键性环节为基点设计并实施学习活动。

---

①　朱再枝，安徽省无为第三中学语文教研组组长，中学一级教师。

②　何章宝，安徽省无为县教育局教研室主任，中学高级教师。

一、选择研究项目

选择研究项目即提出问题，它是项目式学习开展的前提与基础，不仅影响着学习过程的实施，也制约着学习目标的实现。新课标关于"当代文化参与"学习任务群提出的学习目标与内容主要有聚焦特定文化现象、关注当代文化生活、参与文化活动等，这些内容是我们选择研究项目的依据。不仅如此，学习项目的选择还要符合新课标要求，遵循学习规律，满足学生身心发展需求等，具体要求见表1。

表1 基于项目式学习的"当代文化参与"选题要求

学习目标	1.发展学生关注和参与当代文化生活的意识 2.学习剖析、评价文化生活现象的方法 3.增强文化自信
课题来源	1.特定文化现象 2.当代文化生活热点 3.社区文化生活 4.教材经典文本拓展延伸的文化生活
课题特征	1.真实、贴近学生生活，富有挑战性 2.主题典型，有研究价值 3.有兴趣取向，易操作 4.通过开放式学习完成

以"家乡文化生活"专题学习为例。教材设计的三项学习活动都要求选择活动课题（即主题），如"先要了解采写的对象，确定访谈的主题（如家乡名称的来历和演变、家乡的历史传说等）""开展家乡的文化生活调查可以选择不同的主题，如人际关系、道德风尚、文物古迹的保护、文化生活的方式等""可以考察家乡的风俗习惯、邻里关系、生活方式、文化环境等，选择其中的一项"。[1] 如何选择活动主题？一方面要依据"当代文化参与"的选题要求，另一方面要对三项学习活动进行整合，使之结构化，即要选择一个具有统摄价值的主题将三项活动主题关联起来，以便将研究的问题聚焦，使之目标化、清晰化。

基于上述要求，笔者设计的主项目活动主题为"我为家乡文化生活振兴献一策"。选题依据为：（1）学生熟悉家乡，了解家乡的传统习俗与文化生活方式；文献资料和实物资料的收集、实地采访、调查等简单易操作。（2）随着我国现代化建设进程的加快，家乡传统习俗有的被传承下来，有的被新兴的文化生活方式所替代。调查当下家乡文化生活方式，与传统习俗相对比，分析其中的"变"与"不变"，剖析"变"与"不变"的原因，为家乡文化生活的振兴献策。（3）家乡文化习俗反映了家乡人的生活方式、理想信念、价值意识、精神诉求等，由此可以观照当代社会文明的进步程度，为创建精神文明和构建和谐社会献计献策。

二、规划方案

规划方案是为学生完成项目任务、找到解决问题的路径而设计的，是项目式学习实施的保障，它包括项目主题、情境、核心素养目标、学习方式以及任务驱动等方面。以"我为家乡文化生活振兴献一策"项目学习为例，项目小组设计出如下方案（表2）。

表2　"我为家乡文化生活振兴献一策"项目学习方案

主题	我为家乡文化生活振兴献一策
情境	十九大报告提出"实施乡村振兴战略"，乡村是时代发展的缩影。我们所在乡村社会的知识结构、价值观念、乡风民俗、社会心理、行为方式等"乡村文化"元素正悄然发生变化，探究其变化原因，剖析家乡文化生活图景及特点，从而认同、解释和传播乡土文化，为家乡文化生活振兴建言献策
核心素养目标	1. 通过访谈、调查研究、科学论证进行项目探究，培养学生的科学精神 2. 剖析、评价家乡文化生活变化的原因 3. 为家乡文化生活振兴建言献策，培养学生参与意识，增强学生文化自信
学习方式	自主学习、小组合作学习、探究性学习
任务驱动	1. 利用互联网、报纸、书籍等查阅、了解家乡文化生活方式、特点 2. 搜集、调查、访谈、探究家乡文化生活方式形成的历史根源与现实图景 3. 剖析、评价家乡文化生活变化的原因 4. 风采展示：制作家乡文化生活名片、绘制家乡文化旅游路线图 5. 提出"我为家乡文化生活振兴献一策"具体措施

三、项目实施

项目实施即问题解决，是实践项目方案、落实核心素养的关键性环节。项目学习小组将一个主项目分解成若干个子项目，由各小组分工协作完成。

项目实施过程以任务为驱动，学生完成项目的过程是小组按照规划方案分工实施的过程，也是思维进阶的过程。以"我为家乡文化生活振兴献一策"为例，笔者在班级里组建了4个项目学习小组，进行如下活动：

【项目活动1】认识家乡文化生活

（1）学习文化理论书籍，如《中国民俗文化》《乡土中国》以及《文化哲学十五讲》的部分内容，了解文化的构成、特点，认识乡土中国的文化生活方式、理想信念、价值观等。

（2）学习毛泽东调查研究的思想方法、王思斌的《访谈法》、钟敬文的《节日与文化》等，为项目学习活动提供技术指导。

（3）利用互联网、报纸、书籍等查阅家乡文化生活种类、涉及范畴，了解家乡文化生活方式及其特点。

（4）项目小组筛选、整合学习资源，提炼出与活动主题相关联的学习资料，小组交流分享。

【项目活动2】"家乡传统习俗"访谈

（1）项目小组以"家乡文化的记忆"为主题写一篇文章，展现记忆中家乡的文化景观，小组交流分享。

（2）组织开展"家乡传统习俗"访谈，拟定访谈提纲。

（3）填写访谈记录表（表3）。

表3 访谈主题：家乡传统习俗的传承与变化

访谈对象		性别		年龄	
访谈成员			访谈时间		
访谈提纲	1. 家乡过节日有哪些风俗习惯？寄予了人们怎样的理想、情怀与精神诉求 2. 家乡经常举办哪些庆祝活动？他们以何种方式庆祝这些活动 3. 家乡在娶、嫁、丧、祭中有哪些风俗习惯 4. 近年来，家乡的传统习俗有哪些被传承下来了？还有哪些已悄然发生了变化？你更喜欢哪一种习俗 5. 家乡最有特色的传统习俗是什么？具体谈谈这一习俗的内容与意义		访谈记录	1. …… 2. …… 3. ……	

（4）收集相关文献资料和实物资料，写一篇《家乡传统习俗志》，如记述端午节文化与屈原等。

【项目活动3】"多彩的家乡文化生活方式"调查

（1）选择研究主题。

（2）按调查报告结构表开展调查（表4）。

表4 "多彩的家乡文化生活方式"调查报告结构表

标题	"多彩的家乡文化生活方式"调查
摘要	家乡文化生活方式丰富多彩，既有传统方式的现代传承，也有新兴文化生活方式的悄然兴起，调查、访谈、收集资料，对比分析其优劣，为家乡文化生活健康发展提出合理化建议
调查背景与目标	随着我国现代化建设进程的加快，家乡文化生活方式良莠不齐，影响着人们的日常生活和精神文明创建，通过调查、分析，为家乡文化生活健康发展提出合理化建议
调查步骤与方法	1. 网络查阅、文献资料查阅，了解家乡文化生活的历史图景与现实状况 2. 专题访谈，访谈社区或村委会负责人，了解家乡文化生活方式现状 3. 实地考察，了解家乡文化生活方式 4. 记录总结
调查内容与分析	
结论和建议	

【项目活动4】"我为家乡文化生活振兴献一策"

（1）根据项目主题和研究资料，项目小组以书面形式为家乡文化生活振兴建言献策，并交流分享。

（2）项目小组将现实性、针对性、操作性较强的策略汇集、整理，以书面报告的形式上报给有关部门。

四、评价与反思

为了更好地落实"文化传承与理解"这一核心素养，新课标中对不同学段学生学业成就表现做了"质量描述"，把学业质量水平划分为五个等级。笔者根据"当代文化参与"的学习目标与内容，结合该任务群的学习特点，从中提炼出适合"当代文化参与"学习评价的"质量描述"（表5），并根据"以终为始"的原则，采用逆向式设计，把项目成果前置，提出明确的学习任务，用任务驱动项目式学习的完成。

表5　"当代文化参与"学业质量水平

水平	质量描述
1	能主动梳理语文课程中涉及的文化现象，了解其中包含的中国传统文化内容，重视优秀传统文化的继承
2	能运用所学知识对学习中遇到的一些文化现象发表自己的看法，关注当代文化现象，积极参与相关的多种语文实践活动
3	关心当代语言文化现象，积极参与多种实践活动，通过调查访问、辩论演讲、专题讨论等活动发展自己的文化理解能力与探究能力
4	能主动参与语言文化问题的讨论和相关的社会实践活动，能综合运用所学知识，对自己感兴趣的某些语言、文学、文化现象及社会热点问题进行专题探究，尝试撰写相关调查报告或专题研究报告，发展自己的文化理解与探究能力，主动吸收先进文化，传承中华优秀传统文化
5	能主动参与语言文化问题的讨论和相关的社会实践活动，能综合运用所学知识，对生活中自己感兴趣的某些语言、文学、文化现象及社会热点问题进行专题探究，撰写相关调查报告或专题研究报告，组织专题讨论和报告会，对当代文化建设发表自己的见解

"当代文化参与"项目式学习侧重文化现象的剖析与探究、文化生活参与等，注重对学生批判性思维能力、问题解决能力、团队协作能力和自我管理能力的培养。因此，该项目式学习的评价方式多种多样，特别注重过程性评价和质性评价。笔者在引导学生开展"我为家乡文化生活振兴献一策"项目式学习过程中，设计了专门的评价量规（表6），以便实现多元评价。

表6　"我为家乡文化生活振兴献一策"项目式学习评价量规表

评价指标	评价等级及分值			得分		
	A（5分）	B（4分）	C（2分）	自评	互评	师评
关注、参与当代文化建设的意识	积极参加项目学习小组查找资料、社会调查、考察、访谈等系列活动，关注家乡文化生活，有很强的参与、合作意识	在教师的要求下参加项目学习小组查找资料、社会调查、考察、访谈等系列活动，关注家乡文化生活，参与、合作意识淡薄	不能积极主动参与项目学习小组各项活动，任务不能按质按量完成，没有较强的团队意识			

续表

评价指标	评价等级及分值			得分		
	A（5分）	B（4分）	C（2分）	自评	互评	师评
剖析、评价家乡文化生活现象，探究其变化原因	能从不同维度深入剖析家乡文化生活现象，能透过文化生活现象的表层，探视文化生活的深层规定和特征	对家乡文化生活现象的剖析较肤浅，能透过文化生活现象的表层，认识一些普遍规律性问题	有对家乡文化生活现象做客观表述，但没有对深层规律性问题的探讨			
家乡文化生活的传播与交流	家乡文化生活名片制作新颖、有创新，凸显文化特色，能使用视频、PPT 等开展交流分享活动，能借助网络平台进行交流	家乡文化生活名片能真实反映家乡原貌，创新点不多，能使用视频、PPT 等开展交流分享活动，能借助网络平台进行交流	家乡文化生活名片能真实反映家乡原貌，无创新点，交流、传播形式单一化			
为家乡文化生活振兴建言献策研究报告	提出的振兴措施真实、具体，有可操作性，能从物质文化、精神文化、制度文化等层面进行思考	提出的振兴措施真实，但较宽泛，可操作性不强，思考层面单一化	提出的振兴措施宽泛，不具有可操作性，思考不够深入，层面单一化			
小计						

　　"当代文化参与"任务群的学习与探究不能一蹴而就，也不可能只通过一两个专题学习就能完成课程任务，实现育人价值。因此，专题设计应着眼于"以高中生的精神成长为根本的价值取向"，[2]着眼于"立德树人"的价值目标。具体设计时，要打通任务群之间的壁垒，通盘考虑，有组织地连续安排。学习内容的选择要呈现序列化与结构化，学习深度与广度的把握要体现思维进阶的过程，要实现任务群学习目标学段化，要注重能力层级的发展和学生的个性差异，切不可"一刀切"，或"拿一把尺子量到底"。

参考文献：

[1] 温儒敏.普通高中教科书·语文必修上册［M］.北京：人民教育出版社，2019.

[2] 杨九俊.如何落实语文学习任务群［J］.七彩语文（中学语文论坛），2019（1）：
　　8-11.

数学项目学习：测量高度

薛红霞[①]　　贾凤梅[②]

　　项目学习作为当前国家倡导的新型教学方式，因其指向学生核心素养的养成而备受关注。选择和设计一个好的项目，需要着眼学科、着眼学生、着眼教学的本质，需要制定完整的学习方案和过程。在实践中，我们探索出了"选定项目主题—确定驱动任务及项目成果—设计项目活动—制定项目评价标准—实施项目任务—完成项目反思"的项目学习全过程。本文以初中数学中的"测量"为例，探讨项目学习对于提升学生数学素养的重要意义。

一、理解学科、学生和教学本质，选定项目主题

　　从学科角度来看，初中阶段多个数学知识点与测量有关，但是它们之间相互独立。《义务教育数学课程标准（2011 年版）》要求，利用全等三角形、勾股定理及其逆定理、图形的相似、锐角三角函数等知识解决一些简单实际问题，教材中也设计了相应的应用——测量距离或高度问题，这相当于将同一类与测量相关的实际问题分散在四个不同的模块中。如北师大版教材中有四个章节的应用明确涉及测量物体高度的问题：七年级下册的"三角形"、八年级上册的"勾股定理"、九年级上册的"相似三角形"、九年级下册的"三角函数"。按照线性顺序学习，学生可以掌握单独的知识，但是对于构建知识之间的网络，理解其联系性与差别，实现知识的融会贯通，发展综合思维等却存在着欠缺。因此，需要有一个载体将它们联系起来，培养学生综合运用各种方法解决问题的能力。

　　从学生角度来看，我国中学生应用数学知识解决实际问题是普遍的软肋。

---

①　薛红霞，山西省教育科学研究院高中数学教研员，特级教师。

②　贾凤梅，山西省实验中学教师，一级教师。

学生的生活比较单一，综合实践很少，虽然天天学数学，但只会做数学中的应用题，很难做到用数学的眼光观察世界，面对结构不良的数学问题往往束手无策。数学课程标准、教材、考试，都在努力引导教学向着发展学生数学应用能力、提升学生数学学科核心素养转变。因此，需要寻找一种有效的教学方法帮助学生突破难点。

从项目学习的本质来看，项目学习是一套系统教学法，它是对复杂、真实问题的探究过程，在这个过程中，学生能够掌握所需的知识和技能。项目学习始于真实问题，以项目成果的形成为终点。用真实问题驱动，用项目成果指引，首尾是明确、具体的，但从起点走到终点的过程千差万别，有意想不到的困难，更有意外的收获。为解决过程中派生出来的问题，学生需要查阅文献获得基本知识，需要小组讨论商量解决办法，需要尝试解决问题，需要改进方案获得更好的办法，这些行为将丰富学生的实践经验，帮助他们熟练掌握词性技能，提高应用能力和思维的灵活性。

基于以上思考和理解，我们认为项目学习是综合学习初中数学测量相关知识的最好方式，由此选定了初中数学学习项目——"测量高度"。适逢第二届全国青年运动会在山西太原举行，于是我们确定项目的主题为"测量太原市内建筑高度"，项目名称为"我是太原文明使者"。

二、创设情境，确定驱动任务和项目成果

太原是第二届全国青年运动会的主赛区，我们以此激发学生的社会责任感：要向参加盛会的游客展示文明、开放、富裕、美丽的太原形象，为来自五湖四海的朋友介绍美丽的太原，为此要考察太原市特色建筑，包括其高度。由此，确定项目驱动问题：你能从历史、寓意、高度等方面介绍太原市的地标性建筑吗？项目成果：形成图文并茂的太原市某个地标性建筑的介绍。

三、以完整做事为宗旨，设计项目任务

本次项目学习以"完整做事"为宗旨，设计了四个项目任务，具体如下。

任务一：了解太原市特色建筑，确定测量目标。通过访谈家长、查询

网络，了解具有地方特色的建筑，每个小组选择其中之一作为本小组的考察对象。

任务二：查阅资料，了解测量方法，构想测量方案。本项目实施的时间是八年级第二学期，此时学生已经学习了"三角形""勾股定理"，还没有学习"相似三角形""三角函数"。因此，需要在教师的指导下梳理已经学习过的方法，自学还没有学到的方法，并对各种方法进行比较，以备选用。

任务三：小组内分工，实施测量，完成测量报告。学生利用周末时间实地测量，以小组为单位进行，在实施过程中根据实际情况及时完善、修改方案，经过多次实践最终完成对某建筑物的测量，并写出测量报告。

任务四：反思总结，展示交流。反思和汇报是针对驱动问题和项目作品要求的，重点是数学测量知识、测量方案、实施实况、测量结果，并在此基础上仿照教材和中考试题编制题目。

四、针对每一个任务的目标设计评价标准

项目学习中任务的实施以学生自主活动为主，如何给予学生及时的指导，帮助学生自我评估，确保其把握自主活动的方向并提升效率呢？这就需要有针对性强的评价标准来保障，而且要在自主活动开始之前确保学生理解评价标准的作用和内容，并能在自主活动时懂得对照标准调整行为。

比如，任务二的目标：①了解与测量有关的数学知识及方法，并能通过自主学习习得与测量有关的数学知识和方法；②通过了解各种方法的特点和适用范围，初步制定测量方案。

针对目标①制定的评价标准：

正确完成下面的报告得满分，若在所给条目的基础上还有拓展可以加分。

（1）全等三角形（北师大版七年级下册第四章）

①性质：_____。

②判定方法：

	判定方法 1	判定方法 2	判定方法 3	判定方法 4
图形				
文字语言				
符号语言				

③利用三角形全等测量高度的方法：_____。

（2）勾股定理（北师大版八年级上册第一章）

①定理：_____；符号语言：_____。

②逆定理：_____；符号语言：_____。

③利用勾股定理测量高度的方法：_____。

（3）相似三角形的性质和判定（北师大版九年级上册第四章）

基本知识：①性质：_____。

②判定：

	判定方法 1	判定方法 2	判定方法 3
图形			
文字语言			
符号语言			

利用三角形相似测高的几种常见方法：_____。

（4）锐角三角函数（北师大版九年级下册第一章）

	方法 1	方法 2	方法 3
图形			
已知数据			
解决思路			

基本知识：①正弦：_____；记作：_____。

②余弦：_____；记作：_____。

③正切：_____；记作：_____。

利用三角函数测高的方法：

	活动1：认识测倾器	活动2：测量底部可以到达的物体的高度	活动3：测量底部不可以到达的物体的高度
图形			
已知数据			
解决思路			

（5）其他方法（加分）：_____。

针对目标②制定的评价标准：

能估测所选择的建筑物高度，并制定出适宜的测量方案，得3分。

能估测所选择的建筑物高度，并制定出适宜的测量方案，预想到一些困难，得5分。

又比如，任务三的目标是完成测量工作，在这个过程中培养团队合作精神，并通过实践理解数学基本知识，灵活应用数学基本方法，培养针对具体问题及时调整原有方案达成最终目标的能力。针对该任务，我们制定了多个标准。

（1）针对测量办法和结果制定的标准：

采用一种方法多次测量，且计算结果准确为1分。

采用两种不同方法多次测量，且计算结果准确为3分。

采用三种及以上不同方法多次测量，且计算结果准确为5分。

（2）针对小组成员分工合作制定的标准：

小组成员有明确分工为1分。

分工具体，内容叙述清楚为3分。

分工内容全面合理，工作内容、方法叙述详尽合理为5分。

（3）针对测量过程中发现问题、解决问题制定的标准：

在测量过程中遇到新问题，能把问题记录下来的得1分。

在测量过程中遇到新问题，能设法修正方案解决问题，完成测量的得3分。

在测量过程中遇到新问题，能创造性地解决问题，完成测量的得 5 分。

此外还有针对测量工具、测量报告、资料收集整理等的标准，在此不再赘述。

五、走出教室，实施测量任务

完成了前期工作后，学生以小组为单位，利用周末时间实施测量。他们选择的建筑物有太原市龙潭公园的春秋大鼎、迎泽公园的藏经楼、晋商博物馆、抚绥全晋坊、世贸大楼、太原市图书馆等。学生的测量方案因地制宜，测量之后的收获丰富多彩，此处介绍两个小组的测量过程。

（一）反思数据差，改进测量法

有一组学生选择测量春秋大鼎，用预定的两种方法进行了测量。

第一种方法：相似测量法。即先测得大鼎与标杆的影长、标杆长，利用相似求得大鼎的高。数据如表 1 所示。

表 1　相似法测高数据表

序号	时间	标杆长	标杆影长	大鼎影长	相似比	大鼎高度
第一次	11:00	100 cm	90 cm	450 cm	1:5	500 cm
第二次	11:30	150 cm	115 cm	400.5 cm	1:3.5	525 cm
第三次	12:00	70 cm	45 cm	360 cm	1:8	560 cm

用这三次测得的大鼎高度求平均值，得到 528.3 cm，与大鼎的实际高度相差 21.4 cm。差别比较大是什么原因造成的？又如何改进呢？

经过分析，可能的原因有：第一，自然因素。地球不停转动，影响大鼎和标杆的影子长度。第二，测量工具不合适。尺子太短，在多次移尺子的时候无意间增加或减少了大鼎影子的长度。第三，计算精确度不够。计算比值在保留小数的时候，造成了偏差。针对这些因素，可以从以下几个方面改进：第一，每两人一组，同时测大鼎和标杆的影长及标杆长度。第二，改用六米长的盒尺进行测量。第三，四舍五入，尽量保留两位小数。第四，多测量几次，取平均值。修正测量方案之后，得到大鼎的高度为 550 cm，与大鼎的实际高度相差 0.3 cm。

第二种方法：利用勾股定理测量法。学生戏称这种方法为"扔石头法"。

图1是春秋大鼎，学生构想的测量方案如图2所示。将绳子 DC 一端绑一块小石头 D，顺着大鼎一耳将 D 扔进大鼎中，使得点 A 落在大鼎的耳上，拉直绳子，另一端 C 落在地面上。观察记住点 A 的位置，并通过观察确定地面上点 B 的位置，测量 AC、BC 的长度。最后利用勾股定理求得 AB 的长度。反复测量几次，取平均值，得到大鼎的高度。

 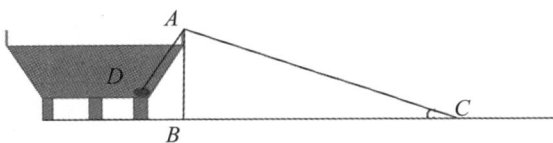

图1　　　　　　　　　　　　　　　图2

同第一种方法测量时遇到的问题一样，利用第一组数据得到的大鼎高度与实际的高度相差较大，分析得知，原因在于不能准确地记住点 A 的位置。于是他们改进办法：每次测量先在绳子 DC 上绑一根红色的绳子，用以标记点 A。测量时，将小石头 D 扔进大鼎中，调整绳子，使点 A 正好落在大鼎的耳上。再结合第一种办法的经验，提高计算的准确性。最终用第二种办法也测得了大鼎的高度，与实际高度相差不到 0.5 cm。

（二）因地制宜，改进测量法

另一个小组测量的对象是太原市迎泽公园的藏经楼，如图3所示。他们利用三角形相似的知识，预设的第一种测量方案如图4所示。

 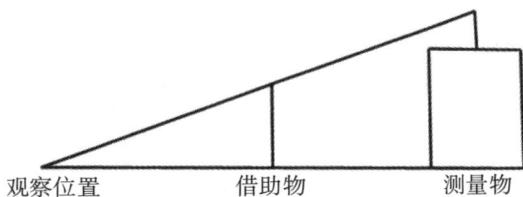

图3　　　　　　　　　　　　　　　图4

实际测量时出现的困难是：藏经楼建在平台上，前面是台阶，其余三面是树，观测点在台阶前的平地上，所以无法直接量出观测点到藏经楼底部中央的水平距离。

通过观察，学生找到的解决办法是：先测出每块砖的宽度 a，再测出砖之间的缝隙 b，再进入室内测出从门槛到地板中间的距离。就这样得出了从观察位置到测量物底部中间的距离。

该小组预设的第二种测量方案是利用影长构造相似。实际测量时遇到的困难是：藏经楼的影子落在地面上之后，找不到顶点落在哪里。这个问题确实难以解决，他们只能测出藏经楼某个可以确定其影子位置的檐角的高度，再通过比例估计整体的高度。

六、项目反思

（一）在真实情境中学会发现问题

学生针对选定的建筑物，利用已有知识和自主习得的新知识，制定了测量方案。当他们满怀信心地带着自己的预设去实施测量时，发现仍存在很多的问题：带着小小的尺子去测长度，带着小小的厚厚的橡皮去做标杆，用步长测量长度，用肉眼记录位置……这些稚嫩的想法和简陋的工具就是他们原来的认知，然而在实际测量时，测量结果与真实值有较大的偏差。这个数据打击了他们，也让他们真正理解了"失之毫厘，谬以千里"。利用影长测量高度时，建筑物的影子不是落在平面上，这个时候如何计算影长？当问题展现在面前时，学生针对问题，探索原因，再次寻找并实施解决办法，其发现问题和解决问题的能力在这一过程中得到了提升。

（二）实践中练就解决问题能力

到了现场，学生的思维活跃起来。要测量世贸大楼的高度，他们想到了简单朴素的办法：层高乘层数。而层高又可以利用台阶高度乘台阶数得到。因此只需要测出一个台阶的高度即可。测量晋商博物馆门楼时，学生发现：门楼立柱上有大小相等的文字格，里面写着对联，测出每个格的长度，就测出了有文字格部分的高度；再通过估测，可知上方圆柱与底座高度大致相同；

利用卷尺测出底座高度，整个高度可知。但这种方法只能用作估测。

学生还会运用多种技术手段进行测量。譬如，有的学生用照相机拍出照片，量出其中人的高度和建筑物的高度，又已知人的高度，于是利用相似求出建筑物的高度。显然其原理是有问题的，学生在汇报时也进行了反思。有的学生用透视裁剪工具和标尺工具进行测量。用透视裁剪工具，将边不与摄像头视线在同一直线或垂直的一个平面化为垂直于视线的平面，再用标尺工具测量电脑中任意线条的长度，最后利用比例求解。更有学生直接用无人机进行测量。总之，学生使用了各种原始的、先进的办法，在完成预期任务后仍意犹未尽，还对周边感兴趣的树木、楼房等的高度进行了测量。

（三）真实做事，真正理解教材中的知识

学生为了完成项目，先自主学习了与测量相关的知识，并设计了"完美"的测量方案，但只有当他们真正去实施测量任务时，才发现"纸上得来终觉浅"。在真实的情境中完成测量，需要学生把学过的知识灵活应用，更要有思辨意识和能力，对测量中出现的问题及时进行反思，改进完善。

如有多个小组使用了图4的方案并遇到了不同的问题。如果测量物比较高，比如世贸大楼，或者测量物周围场地小，比如图书馆，那么就不容易找到观察位置；或者确定好观察位置之后，需要较高的"借助物"，这也不容易找到。学生在测量中发现影子落在平面上和落在台阶上的关系，还发现用图4的方案测量时，观察位置不在地面上，而是测量者的眼睛的位置。同样，用镜面反射法测量时，不能将测量者的身高代入计算，还是要用测量者眼睛位置的高度。教师有了这些素材，就可以命制真正的探究题。学生有了这些经验，可以有效突破学习中的困难。学生感叹，这次数学项目学习，使他们将课本上的数学知识与实践相结合并得到了升华，从而感受到了数学的魅力。

（四）学科关联，提升综合应用能力

项目学习因其教学方式的变革，使得学生的学习自然而然地实现了跨学科。本项目结束，学生要完成"我是太原文明使者"的作品，根据小组选定的建筑物图文并茂地对其进行介绍。完成项目就是一个真实做事的过程，正

如学生所言："通过这次项目学习我们感受到，首先人与人之间要合力去做事，做事的过程融洽，才能事半功倍。别人给你的意见，要听取，要耐心、虚心地接受。其次，通过项目学习，我们开阔了视野，增长了才干，发现了自己的不足，在不断的实践与学习中明确了方向，增强了努力学习的信心和毅力。最后，我们希望更多数学以及其他学科的知识可以通过同样的方式来学习，这样的学习，大家的积极性会被调动起来，学到的知识不容易忘记，还能加深同学间的友谊。"

指向高阶思维的英语项目化学习研究

李会民① 代建军②

英语教学不应只局限于语法、词汇等语篇能力的培养，还要关注学生高阶思维能力和综合素质的发展。项目化学习作为以问题解决为引领的探究学习方式，强调学生在真实情境中通过合作学习解决复杂问题，指向学生的高阶思维能力与综合素质，有助于学生英语学科核心素养的发展。

一、指向高阶思维能力，培育学科核心素养

《普通高中英语课程标准（2017 年版 2020 年修订）》明确提出语言能力、思维品质、文化意识和学习能力是英语学科四大核心素养[1]。传统的教学方式指向知识技能目标，对提高学生词汇、语法的准确性，完善意义表达有较大的促进作用，但以教师讲授为主的教学方式不利于培养学生的知识迁移与运用能力、问题解决能力以及创造力等高阶思维能力。而项目化学习通过设置指向高阶思维的多元化教学目标，为进一步开展多维度、多层次的学习实践活动提供价值引领，因而在培养学生高阶思维能力如合作学习能力、探究学习能力、创造想象力、语言表达能力以及信息素养等方面有着天然的优势。

思维品质是英语学科核心素养的重要维度，可以作为英语项目化学习目标之一。要提升学生的思维品质，就要从以知识技能为导向的传统教学转变为以学科核心素养为导向的项目化学习，促进学生高阶思维的发展。语言是文化的重要组成部分，是文化沟通和互动的必要媒介。社会文化理论学家认为，单纯的语言教学并不是真正的教育，教育应使学习者学会怎样学习，应能丰富学习者的经验[2]。文化意识作为英语学科核心素养的另一重要维度，

---

① 李会民，江苏师范大学教育科学学院硕士研究生。
② 代建军，江苏师范大学教育科学学院教授。

其落实的过程同样有利于学生高阶思维能力的提升。将文化意识融于英语项目化学习目标，在教学中兼顾语言知识教学与文化教学，有利于提升学生的交际水平，促进学生形成正确的世界观和价值观，培养学生的跨文化意识。

二、真实情境构建思维场域

钟志贤认为，情境是一切认知活动的基础。知识不是一个客体，记忆也不是一个容器。学习和认知是一种社会建构的过程和结果，并表现在人们的行动中和共同体互动中。[3]英语学习强调语言交流互动的真实语境，构建英语项目化学习的真实情境可以从以下三个方面去尝试。

（一）知识材料的选择

英语项目化学习需要以真实的情境促进学生知识的建构与迁移，而创设真实学习情境需要以知识作为支架材料，知识是情境构建的基石。情境来源于现实生活，但在社会问题日趋复杂的背景下，创设真实的情境要求我们转变知识观，由知识的确定性走向不确定性。一般来说，我们将英语学科知识分为两种类型，一种是基于语言形式的关键概念和能力，例如词汇、语法、音标等；另一种是与学生生活相关的文化内容、主题知识，通常应用于英语阅读所呈现的主旨内容。后者更能体现知识的不确定性，知识的不确定性使情境的构建更具真实性，有利于学生在情境中充分发挥主动性，发展高阶思维能力。

英语的学习内容和语言形式是不可分割的，知识概念的应用需要真实情境作为背景，而内容的呈现与建构需要语言形式作为支撑。学生在学习过程中往往过于关注学习内容，忽略语言形式，对此，教师要选择贴近学生真实生活的知识材料和学习内容，从而使学生更易把握语言形式的运用。

项目化学习所关注的英语能力和知识概念具有整体性，要实现教学目标，就要对零散的、孤立的语言技能和语法知识进行提炼和整合。在清晰的教学目标的导向下，将整合的知识材料置于真实有意义的英语学习内容中，为有意义的英语项目化学习提供科学的知识材料。

基于语言的功能和特质，英语项目化学习在知识材料的选择上具有跨学科性，致力于以英语为媒介解决现实中的问题。这就需要教师在知识的提炼过程中整合多学科或跨学科的知识，确保英语项目化学习真实有效发生。

（二）驱动性问题的设置

英语项目化学习聚焦于英语学科核心知识，核心知识如何与学生已有的经验建立联系，构建真实的学习情境，是英语项目化学习的重要挑战。真情境需要真问题，驱动性问题在学生与知识之间架构起桥梁，激发学生解决问题的积极性。

驱动性问题对英语项目化学习有很大的价值和意义，能够让学生在真实的问题情境中，从知识和情感两个方面去迁移，在积极的情感体验中有效学习[4]。真实的学习情境需要驱动性问题具有真实性，诱发真实的学习过程，呈现有意义的学习产品；真实的驱动性问题需要联系学生现实生活，构建真实的语言环境，为项目化学习的开展提供内在动力。

驱动性问题具有挑战性。项目化学习指向学生的高阶思维能力，高阶思维的发生建立在劣构问题的解决上，劣构问题强调真实情境、开放环境下具有挑战性的任务。具有挑战性的驱动性问题建构了复杂真实的学习情境，促使学生在问题解决的过程中开展多样化的学习实践活动，促进高阶思维的发展，确保项目化学习的持续性。

英语学习不只局限于一般的交际功能，更重要的是传达自己认识世界、认识自我的思想，要求学生有自己独立的见解和思想，能够论证自己的观点和想法。这就要求驱动性问题渗透批判性、研究性，使学生能够在此过程中辩证地探究世界，以英语为媒介多学科或跨学科地研究、交流。在这样的问题引领下，英语课堂焕发了新的生机活力，学生在语言实践的基础上有效地提升了研究能力，锻造了良好的思维品质。

（三）信息工具的运用

项目化学习强调的真实情境并不特指现实生活中发生的真实事件，情境来源于生活但又不是对现实生活的照搬复制，真实情境是经过组合，借助信息工具构建的。信息工具作为情境构建的载体，越来越多地应用于当前教学中，譬如多媒体，其所具备的生动直观性为构建真实的英语项目化学习提供了有力支持。听、说、读、写是英语学习的关键能力，而多媒体具有集声音、图像、动画、文字多种信息于一体的功能，让学生能够在全方位、多层次的语言情境中动用多种感官实践真实的语言交流与英语学习，推动学生英语学科核心素养的发展。

利用信息工具提供跨时空情境。语言学习受现实所处环境的制约，而信息工具可以打破时空的限制，创设不同时空的真实语境，强化学生的情境体验。例如，教师可以通过播放学生感兴趣的英语电影，让学生根据电影进行角色扮演，在学习过程中感受中西方文化的差异。

利用信息工具创设问题情境。项目化学习的驱动问题具有挑战性与批判性，教师单纯地口头或书面展示任务可能会让学生难以理解问题的内核，而借助信息工具创设生动的问题情境，可以把学生带入情境中，激发学生问题探究的欲望。

利用信息工具提供知识资源。英语项目化学习不应局限于课本与课堂，师生可以通过信息技术获取世界范围内的各类教学资源。项目化学习中，在确定学习主题后，学生就可以借助信息工具搜集有用的信息并将信息进行整合与呈现，在搜索、筛选、整合、呈现信息的过程中提高语言能力、发展信息素养。信息工具还可以为学生提供与英语母语者交流的平台，构建真实的语境，让学生在实际交流与互动中实现英语水平的突破。

三、多维合作促进深度参与

指向高阶思维的教学模式通常具有开放性与多维度的特点。项目化学习的开展更多以实践活动的形式来体现，指向高阶思维的英语项目化学习要求以合作学习为载体开展多维度的学习实践活动，促进学生深度参与，发展学生高阶思维能力。夏雪梅构建了项目化学习的五类学习实践形态：探究性实践、社会性实践、技术性实践、审美性实践、调控性实践，在英语项目化学习中涉及比较多的是探究性实践、社会性实践及审美性实践[5]。

探究性实践作为项目化学习的主要实践形态，需要进行较多的思维活动，要求学生在小组合作中通过观察现实世界产生问题，运用知识经验联结现实世界，通过假设、筛选、判断、推测、验证、归纳、提炼等多种思维活动探究性地解决驱动性问题。在实践过程中，学生需要意识到，只有通过合作才能够解决具有挑战性的高阶问题。指向高阶思维的英语项目化学习要求学生在合作学习中群策群力、互帮互助，发挥每个人思维的独特性，探究得出问题的解决方案并付诸行动，从而在学习实践中构建知识体系、迁移知识技能、培养高阶思维能力。

社会性实践是合作学习中的必要活动，强调个体与他人之间的交流沟通，为英语项目化学习提供真实的交流语境。在小组合作学习中，社会性实践强调学生的社交技能，包括组织学习、表达自己的观点、提出问题、与成员交流沟通、关注成员的感受与状态等。小组成员信息反馈公开透明，学生可以在理解他人的基础上把握项目的进程，推动任务高效完成。合作学习不是阶段性的，而是一个持续不断的探究学习过程，因此，学习小组具有稳定性的特征，要求学生具有良好的沟通与处理人际关系的能力，确保小组合作的持续性。

审美性实践强调英语项目化学习成果的展示，如产品的制作、PPT 的呈现等。审美性实践有助于培育学生的创造力与想象力，学生可以在合作学习中充分发挥自己的想象力与审美情趣，集思广益设计最终产品成果，如英语话剧扮演、PPT 设计或英语视频的制作等。在合作学习中，学生多元的创意与审美情趣相互碰撞、相互借鉴与吸收，在审美实践中感知美、创造美，提升自己的审美情趣与人文素养。审美性实践聚焦学生个性化的发展，合作学习注重学生的个性化展示，活动设计多角度、多形式，兼顾听、说、读、写各方面的语言能力，力求让每个学生发挥优势，进行个性化的意义呈现。

英语项目化学习中的各类学习实践活动不是互相割裂的，而是相互融合交织，共同构成渗透高阶认知策略的合作学习。在项目化学习中，合作学习不局限于某一类实践形态，也不拘泥于某一种形式，教师应视实际情况灵活变动，根据不同的知识材料和驱动性问题做出相应的选择，精心设计学习任务，提高项目化学习的有效性。

四、动态评价聚焦思维品质

（一）体现高阶思维能力的真实评价

项目化学习的评价同样指向学生的高阶思维能力，对在真实学习情境中产生的学习成果进行真实的评价，考查学生的知识与技能、问题解决能力、交流合作能力等多种能力的发展水平，强调学生在项目化学习中的真实表现。

真实的评价具有逆向设计的特点，要求教师在评价之初以多元评价角度，对学生呈现项目成果的语言能力、团队协作能力等综合素质以及高阶思维能力进行多维度、全面的评价，对评价项目有明确、具体的评估标准。学生在项目化学习的过程中可以根据项目评估标准不断调控学习行为，以呈现更好的项目化学习成果。

真实的评价需要真实积极的评价氛围。英语项目化学习要产生公开、可视化的成果，需要学生具备良好的语言表达能力和心理素质；教师要创设积极的展示评价的氛围，给予学生积极的口头语言及身体语言的肯定，调动学生展示成果的积极性。

真实的评价指向深度学习，不局限于项目成果的浅层理解，更强调学生对英语学科知识的迁移与运用，透过项目成果指向学生高阶思维的发展。

（二）动态监控学习过程的过程性评价

英语项目化学习的评价是一个动态的过程，重视学生的学习过程，这个动态过程不仅是阶段的，也是延续的。英语项目化学习的过程性评价关注终结性评价难以考查的各项能力，注重学生的自我调控能力和学习策略，在动态的学习评价中考查学生学习能力，促进学生学习的可持续发展。

项目化学习的评价标准也具有动态性。通过制订评价量规为学习实践活动提供多样指标，聚焦学生的实践活动表现，不同的任务情境对学习实践活动要求的侧重点不同。教师在学生项目化学习的过程中，要以关键的评价维度为导向，动态监控学生的学习过程，根据实际情况动态地调整评价标准，最终形成更为完善的评价体系。

要完成动态的评价，需要结合多种评价方式，即通过自我评价、他人评价、小组评价等方式多角度评价学生个体的学习过程与学习行为，促使学生在动态的评价过程中不断优化自己的学习行为。在小组评价及他人评价中，学生作为评价的主体，需要理解评价的内涵和意义，明确评价的内容和标准；但长期处于被评价角色的学生对评价的理解和认识往往处在较低的水平，在评价过程中不能正确地评价自己与他人。所以，如何提升学生对评价的认识，使其评价水平由完全的下意识或潜意识水平、情感水平逐步上升到理智水平，是探究英语项目化学习评价设计的重要内容。

（三）聚焦元认知策略的评价反思

评价的目的是促进学生的发展，评价的结束不代表学习的结束，评价后的反馈和反思是学习过程中极为重要的一环，有效利用评价结果可以促进英语项目化学习的完善。一方面，在全面的多维度的评价基础上收集评价信息，综合个体、他人、小组、教师给出的评价信息对每项评价内容进行整合分析，以报告的形式呈现给学生，学生可以根据评价的结果了解自己的优缺点，调整、完善自己的学习行为，明确将来努力的方向。另一方面，教师可以根据学生的表现与反应，主要从学生的参与度、评价的效度、评价的可行性以及评价的信度几个方面审视自己评价方案的成功与不足之处，进一步反思和改进评价设计。

参考文献：

［1］中华人民共和国教育部.普通高中英语课程标准（2017年版2020年修订）［S］.北京：
    人民教育出版社，2020.

［2］高艳.项目学习在大学英语教学中的应用研究［J］.外语界，2010（06）：42-48，56.

［3］钟志贤.信息化教学模式——理论建构与实践例说［M］.北京：教育科学出版社，2005.

［4］李会民，代建军.基于课程统整的跨学科项目化学习设计［J］.教学与管理，2020（2）：29-31.

［5］夏雪梅.项目化学习设计：学习素养视角下的国际与本土实践［M］.北京：教育科学出版社，2018.

基于项目视角的高中物理学习单元设计

余华云① 谢菁菁②

综合国内目前对项目学习的认识与研究成果，项目学习基本可理解为学生在教师的指导下，以小组合作为主要方式，从真实世界中的基本问题出发，围绕来自真实情境的挑战性学习主题，在共同设计问题解决方案的基础上，进行较长时间的探究，将学习结果以作品形式表现出来，最终达到知识建构、技能形成、能力提高、素养生成的一种探究性学习模式。基于项目视角的高中物理学习单元设计，指教师团队或个体基于项目学习逻辑，将物理教材自然单元内容、物理教材跨自然单元整合性内容、物理拓展性课程内容表达为单元学习方案的过程。本文尝试构建基于项目视角的高中物理学习单元"ADDIE"设计模型，并以人教版高中物理必修第一册第四章"运动和力的关系"为例，具体阐述确定挑战性学习主题、设置情境化学习任务、制定系统性学习目标、设计嵌入性学习评价、谋划进阶型学习过程等重点步骤的设计策略，以期为落实素养本位的高中物理教学提供借鉴。

一、基于项目视角的高中物理学习单元设计模型

根据高中物理教学实际，我们倡导发挥年级备课组（或教研组）的主体作用，以一个学期为设计周期，针对物理教材自然单元内容、物理教材跨自然单元整合性内容、物理拓展性课程内容，对应设计教材自然单元、跨教材自然单元、拓展性课程单元三类项目学习单元，并将其纳入学科学期教学进行计划并实施。根据 Morrison 等学者提出的 ADDIE 教学设计模型[1]，本文

① 余华云，重庆市沙坪坝区教师进修学院副院长，正高级教师。

② 谢菁菁，重庆市第七中学校，高级教师。

构建了基于项目视角的高中物理学习单元 ADDIE（ANALYSIS 学习单元分析，DESIGN 学习单元设计，DEVELOPMENT 学习单元开发，IMPLEMENTATION 学习单元实施，EVEALUATION 学习单元评价）设计模型（图 1）。

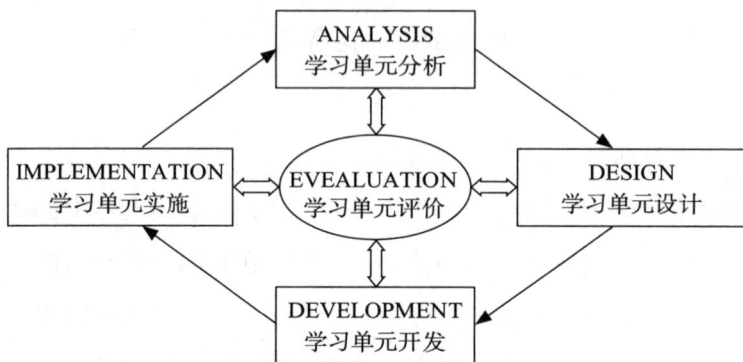

图 1　基于项目视角的高中物理学习单元 ADDIE 设计模型图

模型包括五个基本构成要素：一是学习单元分析，以年级备课组（或教研组）为主体，以一个学期为单位，针对物理教材自然单元内容、物理教材跨自然单元整合性内容、物理拓展性课程内容，选择适合开展项目学习的单元对象，明确各单元设计的首席教师，负责牵头分析各单元知识结构、课程标准、学情、课程资源等；二是学习单元设计，按学习单元实施时间的先后顺序，每个单元由首席教师领衔，团队成员合作，基于学习单元分析情况，结合项目学习基本步骤，共同确定学习单元的主题名称及总课时、核心任务与课时分配、大情境与核心任务情境、驱动问题与核心任务主问题、总目标与核心任务目标、总评价与核心任务评价、核心任务教学模式与课程资源等，同时细化分解学习单元开发任务；三是学习单元开发，团队成员围绕所承担的学习单元开发任务，基于集体确定的学习单元总体设计方案，聚焦项目核心任务，设置核心任务下各个学习活动对应的小情境、小问题、内容与方式、评价任务等，形成前后衔接的核心任务学习方案，并经集体研讨形成学习单元整体学习方案；四是学习单元实施，在学习方案正式实施之前，团队成员可结合自身教学实际创造性改进学习方案，进而在教学过程中充分发挥自身的引导作用，高度关注学、教、评的一致性，有力促进学生物理知识、技能、能力、素养的进阶；五是学习单元评价，团队成员针对学习小组及成员在单元学习过程中的行为、制作的作品、成果交流中的表现、单元学习结束后的测试进行线上与线下结合、过程与结果统一、自评与他评兼顾的综合评价，并通过评价反馈引导学生反思项目学习过程，促进项目单元素养目标的有效达成。

二、基于项目视角的高中物理学习单元设计步骤

依据前述基于项目视角的高中物理学习单元设计模型，学习单元设计包括确定挑战性学习主题、设置情境化学习任务、制定系统性学习目标、设计嵌入性学习评价、谋划进阶型学习过程五个重点步骤。下面，以人教版高中物理必修第一册第四章"运动和力的关系"为例，具体阐述各重点步骤的设计策略。

（一）确定挑战性学习主题

基于项目视角的单元学习主题往往是包含物理核心知识与思维方法、能够激发学生深度参与、嵌入学生生活情境、具有驱动性问题、需要小组在较长时间内（以与教材单元课时总量相当为宜）合作探究、需要提交可视化作品的挑战性任务。做好课标、教材、学情的综合分析，是确定单元项目学习主题的基础。本章具体分析如下：

一是明确课标要求：通过实验，探究物体运动的加速度与物体受力、物体质量的关系。理解牛顿运动定律，能用牛顿运动定律解释生产生活中的有关现象、解决有关问题。通过实验，认识超重和失重现象。知道国际单位制中的力学单位。了解单位制在物理学中的重要意义。会做"探究加速度与物体受力、物体质量的关系"等实验。能明确科学探究实验所要解决的问题，知道制订实验方案是重要的，有控制变量的意识。会使用基本的力学实验器材获取数据，能用物理图像描述实验数据，能根据数据得出实验结论，知道实验存在误差。能表达科学探究的过程和结果。[2]

二是分析教材：本章主要内容是探究力和运动的关系，共 6 节、8 课时，

包括"牛顿第一定律"（第 1 节）、"牛顿第二定律"（第 2~5 节）、"超重和失重"（第 6 节）三部分；牛顿第一定律及牛顿第二定律是动力学的核心内容，也是研究后续内容的主要手段。

三是分析学情：高一学生虽然在初中阶段对运动和力已有了定性认识，但本章知识在理性分析、逻辑思维、定量要求、数学计算、概念的严密性、实验的复杂性等方面上了一个台阶，因此教师在教学中既要扎实培养学生的逻辑思维能力、实验方案的设计能力、应用科学语言的表达能力，又要兼顾学生的可接受性，做到循序渐进，让学生在学习中获得成功的愉悦，否则容易出现畏学、厌学甚至弃学现象。

基于上述分析，本单元学习主题名称可确定为"制作一种显示电梯加速度大小的装置并撰写一份说明书"，总课时安排为 9 课时；单元驱动问题设计为"通过本章的学习，你能和小组同学一起制作一种显示电梯加速度大小的装置，并为该装置撰写一份说明书吗？"，以此激发学生探究"力和运动的关系"的兴趣与欲望。

（二）设置情境化学习任务

单元学习任务是指基于单元学习主题、联结单元重点知识、指向核心素养进阶、嵌入真实学习情境、符合项目学习程序、以 1~3 课时为宜的若干重要学习活动。情境是联结物理知识世界与生活世界的桥梁。本单元的学习情境设置为"在教师引导下，小组成员针对'制作一种显示电梯加速度大小的装置并撰写一份说明书'的挑战性任务，共同分析面临的问题与解决的办法，然后根据实验室提供的器材，通过'伽利略理想实验''探究加速度与物体受力、物体质量的关系实验'，理解反映力和运动的关系的规律——牛顿第一定律和牛顿第二定律；掌握应用牛顿第二定律解决动力学两类基本问题的思路与方法，进而通过'超重和失重实验'认识和应用牛顿第二定律解释超重与失重现象；同时制作能够显示电梯加速度大小的装置并撰写一份说明书，最后以小组为单位向全班展示交流，并总结反思项目学习经验"。基于这一单元大情境，对教材单元内容进行重构，设置本单元的核心任务及情境（图2）。

"运动和力的关系" 教材单元内容 重构 ⟹	"制作一种显示电梯加速度大小的装置并撰写一份说明书" 项目核心任务及情境	
课时名称	核心任务	核心任务情境
第1节　牛顿第一定律（1课时）	任务1　项目分析与计划制订（1课时）	制作一种显示电梯加速度大小的装置并撰写一份说明书
	任务2　探究物体在没有受到外力作用的时候的运动状态（1课时）	通过伽利略理想斜面实验合理外推
第2节　实验：探究加速度与力、质量的关系（2课时）	任务3　探究物体在受到外力作用时，其加速度与其所受的外力、质量之间的关系（2课时）	分组实验，运用控制变量法、作图法探究小车加速度（纸带法求加速度）与其所受外力、质量之间的关系
第3节　牛顿第二定律（1课时）	任务4　理解反映力和运动关系的牛顿第二定律与力学单位制（2课时）	实验得出牛顿第二定律内容与代数表述式，并应用定律解决生活问题
第4节　力学单位制（1课时）	任务5　应用牛顿第二定律解决动力学的两类基本问题（2课时）	以做匀变速运动升降机为例，已知运动求力和已知力求运动
第5节　牛顿运动定律的应用（2课时）	任务6　应用牛顿运动定律解释超重和失重现象（1课时）	运用弹簧秤钩码，认识并运用牛顿第二定律解释超重和失重现象，制作装置
第6节　超重和失重（1课时）	任务7　项目成果展示交流与评价（1课时）	以小组为单位向全班展示交流装置与说明书，总结反思学习经验

图2　项目核心任务及情境图

（三）制定系统性学习目标

单元学习目标上联学期目标，下接课时目标，包括单元总目标与单元内核心任务目标。单元总目标指向核心素养，单元内核心任务目标可指向知识理解、技能形成、能力提升或素养习得。依据阿姆斯特朗和塞维吉（Armstrong，Savage）提出的"ABCD"教学目标陈述技术（A 即 audience，表示行为主体，指学习者；B 即 behavior，表示行为，即学习者应做什么；C 即 conditions，表示行为条件，即行为在什么条件下产生；D 即 degree，表示行为程度，即行为合格的最低要求）[3]，制定本单元学习目标系统（图3）。其中，项目核心任务目标在各核心任务教学方案中呈现。

项目总目标

1. 通过动手做伽利略理想斜面实验与查阅牛顿第一定律的提出历史，清楚运动是物质的一种属性，物质维持其原有运动状态不变的属性称为惯性；理解物质之间是相互联系的，物质之间存在着相互作用，这种作用称为"力"，它是导致物体运动状态发生改变的原因（物理观念）。

2. 通过动手实验、合作探究与练习作业，体会抓住主要矛盾、忽略次要因素并依据逻辑推理把实际实验理想化的思维方法，理解研究多因素影响问题的控制变量思维方法，掌握利用量纲之间的关系推断物理量之间的关系的思维方法，会用整体法与隔离法解决常见的动力学基本问题（科学思维）。

3. 通过探究加速度与力、质量的关系实验，深刻体会并掌握科学探究的一般步骤与方法，认识科学探究的重要性，习得科学探究的意识、态度与习惯（科学探究）。

4. 通过本单元的学习，体会科学工作者对社会承担的责任与风险以及秉持的实事求是、严谨的科学态度，培养主动思考问题、独立发表意见的学习作风和主动、严谨、合作的学习态度（科学态度与责任）。

项目核心任务目标（略）

图 3　本单元学习目标系统

（四）设计嵌入性学习评价

单元学习评价建议采取威金斯和麦克泰（Wiggins，McTighe）提出的"逆向设计"方法[4]，即在明确学习目标之后，首先针对学习目标设计学习评价，然后根据学习目标与学习评价来规划学习过程，让学习评价成为学习过程的有机组成部分，以实现学、教、评的一体化。在具体设计项目学习评价时，可基于适切性原则针对某一具体目标或若干目标组成的目标系统，对应设计评价任务，主要包括纸笔测试题与学生的结构性表现任务、口头表述、表演、实验或调查、创作作品、展示汇报等表现性评价两种形式，评价任务需要嵌入达成学习目标的学习任务之后予以实施，让学习评价成为师生研判学习目标达成度的"导航仪"。

例如："任务 3　探究物体在受到外力作用时，其加速度与其所受的外力、质量之间的关系"作为重难点任务，子目标较多，适合针对一个个具体目标设置评价任务。其中有一具体学习目标是"知道用打点计时器和纸带法探究加速度与力、质量的关系时要利用重力补偿摩擦力的原因和处理方法"。本实验的设计方法是控制变量法（图 4），即首先保持小车质量 m 一定，给小车施加

一个恒定的拉力 F（钩码重力近似代替），小车与纸带相连，先接通电源，再放开小车，打点计时器在纸带上打下一系列点，通过"纸带法"可间接测出小车的加速度 a。改变钩码重力，重复操作，在表格中记录下多组 F、a 的值。

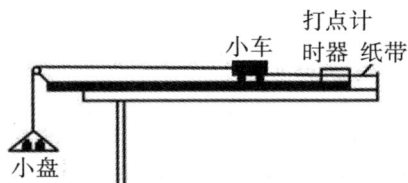

图4 探究加速度与力、质量的关系实验设计图

在坐标纸中描点连线，通过观察图像得出小车质量一定时，其加速度与力的大小成正比。然后保持小车所受力一定，改变小车质量，按上述类似方法得出小车所受力一定时，其加速度与质量成反比。要达成这一学习目标，学生需要理解两点：一是实验时小车做加速运动，小车所受拉力 F（施力物体是绳）其实并不等于钩码重力，而是小于钩码重力，只有在小车质量远大于钩码质量时二者才近似相等（可直接告诉学生结论，并说明在学习牛顿第二定律之后才能真正理解）；二是由于摩擦力是不可避免的，因此在水平长木板上做加速运动的小车，其竖直方向重力与支持力平衡，水平方向除受细绳拉力 F 之外还多受了与 F 方向相反的摩擦力，需要尽量消除摩擦力的影响。若长木板倾斜至小车在其上面近似做匀速直线运动，说明重力沿斜面方向的分力把摩擦力几乎抵消掉了。针对这一学习目标，在引导学生以小组合作方式完成探究实验方法设计并进行实验展示交流后，对标图5所示评价量规，研判学习目标达成情况。

又如，"任务7 项目成果展示交流与评价"是一个处于项目学习总结阶段的整体性学习任务，适合针对学习目标系统设置综合性评价量规，重点针对各小组制作的电梯加速度大小显示装置的质量、说明书质量、展示水平、反思深度四个评价内容，对标设计评价方式与评价标准，进而将这一评价量规嵌入展示交流总结反思活动之后实施。在此基础上，综合项目学习全过程的纸笔测试与表现评价数据，对小组与个人的项目学习成就做出综合评价。

评价内容	评价方式	评价标准
是否记住钩码重力近似等于细绳拉力的条件	纸笔测试：图4中，钩码重力近似等于细绳拉力的条件是（　　　）	正确10分，错误0分，小组成员平均分为小组得分
是否理解"探究加速度与力、质量的关系"中的"力"是物体所受外力的合力（由于实验中摩擦力不能忽略，细绳拉力不再是合力了），以及运用图像法处理数据得出结论	表现评价：某实验小组按图4装置探究小车质量一定时加速度与力的关系，实验中长木板保持水平放置，钩码质量远小于小车质量，每次正确记录钩码重力F，并根据有效纸带与"纸带法"正确计算出F对应的加速度a。考虑到摩擦力不能忽略，则该小组通过实验数据作出的图像是下列哪幅图？先独立思考，再小组合作，5分钟后以小组为单位展示交流	1.错选或选对答案（乙）却说错原因的，给小组0分；2.选对但对原因表述不完整的，给小组15分；3.选对且能根据$a=（F-f）/m=F/m-f/m$说出图像为一次函数、截距为负的，给小组20分；4.既选对又正确说出原因的小组，视组员合作、表达等综合表现，分三个等级，给小组再分别加5分、3分、1分

图5　针对某一具体目标的评价任务图

（五）谋划进阶型学习过程

项目单元学习是学生在教师指导下，以小组合作为主要形式，共同设计与实施项目问题解决方案的探究过程，通过探究实现知识、技能、能力、素养的阶梯型发展。根据本项目学习总目标，聚焦6个情境化核心学习任务，对应设计学习策略与学习阶梯，同时注重技术手段在项目学习过程中的融合应用，整体规划项目单元学习进阶（图6）。

在此基础上，针对每一个情境化核心任务，以及该核心任务目标与评价，对应设计任务内的小环节、小情境、小问题、小活动，形成以"环节1：情境1+问题1+学教评一体化活动1；环节2：情境2+问题2+学教评一体化活动2……环节n：情境n+问题n+学教评一体化活动n"为表现形式的教学过程，为学生素养进阶提供坚实的"脚手架"。

项目学习作为国际公认的有效培养学生核心素养的典型学习模式，为深化我国高中物理教学改革提供了成熟视角。以上设计只是我们的一次初步探索，还不成熟，但基于项目视角开展单元设计，无疑有助于扭转知识本位、

学习策略	核心任务	学习阶梯
项目选择、分析与计划	任务 1　项目分析与计划制订（1 课时）	清楚完成项目所必备的知识能力与差距，合作制订问题解决计划
查阅资料、实验探究、合理外推	任务 2　探究物体在没有受到外力作用时的运动状态（1 课时）	了解牛顿第一定律提出的艰辛历程，体悟伽利略理想斜面实验思想
实验探究、控制变量、作图	任务 3　探究物体在受到外力作用时，其加速度与其所受的外力、质量之间的关系（2 课时）	掌握探究小车加速度与力、质量的关系的一般方法以及控制变量、作图等具体方法
归纳、数学表达、解释	任务 4　理解反映力和运动的关系的牛顿第二定律与力学单位制（1 课时）	基于实验数据归纳表达牛顿第二定律的内容与代数表述式，并应用定律解释生活中的常见问题
模仿、建构	任务 5　应用牛顿第二定律解决动力学的两类基本问题（2 课时）	学会已知运动求力和已知力求运动的基本思路、方法与步骤
迁移应用、项目设计与实施	任务 6　应用牛顿运动定律解释超重和失重现象（1 课时）	能迁移运用牛顿第二定律解释超重和失重现象，以小组为单位设计并着手制作电梯加速度大小显示装置
项目展示与交流、评价与反思	任务 7　项目成果展示交流与评价（1 课时）	通过展示交流与评价以及自主反思，生成物理学科核心素养

图 6　项目单元学习进阶图

讲授为主、机械操练的"课时主义"教学，促进素养本位、学生主体、任务驱动、探究为主的教学方式变革，进而培育学生的物理学科核心素养。

参考文献：

［1］郭书法，权继振，汪田田. ADDIE 模型在 EMP 教学中的实践研究［J］. 鸡西大学学报，2013，13（05）：88-90.

［2］中华人民共和国教育部. 普通高中物理课程标准（2017 年版 2020 年修订）［S］. 北京：人民教育出版社，2020.

［3］曹培英. 关于小学数学教学目标设计的建议［J］. 江西教育，2007（6）：14-15.

［4］威金斯 G，麦克泰 J. 理解力培养与课程设计：一种教学和评价的新实践［M］. 幺加利，译. 北京：中国轻工业出版社，2003.

物理综合实践活动的目标指向与项目特征

骆　波 [①]

2017 年 9 月，《中小学综合实践活动课程指导纲要》（以下简称"纲要"）正式颁布。"纲要"界定了综合实践活动的课程性质：综合实践活动是从学生的真实生活和发展需要出发，从生活情境中发现问题，转化为活动主题，通过探究、服务、制作、体验等方式，培养学生综合素质的跨学科实践性课程。

在国家将综合实践活动纳入与学科课程并列设置的基础教育课程体系之前，学科课程内的综合实践活动已是方兴未艾。比如，苏科版初中物理教材早在 2004 年就开始在部分单元增设了"综合实践活动"模块；2011 年开始江苏省中小学教研室定期组织以"综合实践活动"为主题的优质课观摩与评比。但在常态教学中，物理综合实践活动的实施现状与课程设置的初衷相去甚远，主要表现为：（1）边缘化：陷入"难评价—不考查—不教学"的功利链条，基本不开展综合实践活动；（2）异化："知识中心论"占主导，使课程成为少数绩优生的专属，乃至以讲授代替实践；（3）泛化：课程界限模糊、目标不清，存在为活动而活动的现象。

因此，正确把握物理综合实践活动的内涵，对落实"纲要"精神和发挥课程育人价值而言，是很有必要的。案例研究表明，为纠正上述不当倾向，首先要准确把握物理综合实践活动的目标指向与项目特征。

一、活动目标须指向物理学科核心素养

"用纸搭建一座桥，比一比谁的桥承重大""让鸡蛋从楼上落下，看谁的鸡蛋下落高且蛋不破"……这些都是在各学校科技节上常见的活动，它们是物理综合实践活动吗？物理综合实践活动，首先要有"物理味"。这里的"物

---

① 骆波，江苏省锡山高级中学实验学校教师。

理"不单指物理知识，还包括物理学科核心素养，即通过开展物理综合实践活动，形成物理观念、发展科学思维、提升探究能力、培养科学的态度与责任。

从这个角度审视"搭建纸桥""高空扔蛋"等活动，它们既没有从物理原理出发指导技术制作，也没有设计精细实验探究影响因素，更像是小制作或趣味实验。即便是教材中编排的物理综合实践活动，如果目标指向不当，也会丧失"物理味"。以新修订苏科版物理教材"电功与电热"单元的"对家庭用电的调查研究"为例（表1）。

表1 "对家庭用电的调查研究"综合实践活动设计对比表

新修订苏科版物理教材综合实践活动编排		原版本活动编排
活动项目	活动目标	
1.调查家庭用电线路：画出电路图，标明各元件的名称与规格	熟知常用电器的规格，理解"电路"	探究分时段设定电价的意义，针对供电部门提出的划时段设定电价的做法，发表你的意见，并说明理由
2.估测各用电器的实际功率	练习使用电能表，评估并优化测量方案	
3.拓展研究 ①节能灯和白炽灯耗能情况的比较研究 ②电视机、空调等用电器处于待机状态时的耗能情况研究 ③夏天，将空调的制冷温度调高2℃对耗能的影响	设计测量方案，并通过分析测量结果得出结论，撰写研究小论文，有依据地阐明节约用电的方法和意义	

从表1可以看出，新修订苏科版物理教材中的活动1侧重物理观念，即用物理语言（电路图）描述物理事实（家庭电路连接情况）；活动2突出科学探究，强化使用测量工具的技能，用物理公式（原理）指导制定合理的测量方案；活动3对科学思维和探究能力要求较高，研究结论有助于科学态度与责任的培养。而此前版本教材中的活动更接近社会学、经济学的范畴，缺乏"物理味"，难以聚焦学科核心素养设计出具体的实践活动。因此，新修订的教材对此活动的编排做了大幅改动。

物理综合实践活动是培养物理学科核心素养的重要途径。基于这一认识，笔者对苏科版物理教材中综合实践活动的目标定位做了如下梳理（表2）。

表 2　苏科版初中物理教材"综合实践活动"目标分析一览表

序号	活动名称	教材单元	活动项目	活动目标
1	比较材料的隔声性能	一、声现象	设计一种简易的方法，测试各种材料的隔声性能	尝试考虑影响问题的主要因素，有控制变量的意识
2	用电冰箱研究物态变化现象	二、物态变化	①研究电冰箱内的温度分布情况；②制作"冻豆腐"；③自制冰淇淋；④研究不同液体的冷冻情况	练习使用温度计；观察物态变化现象，了解其吸放热情况；测量物质的熔点、凝固点
3	探究树荫下的光斑	三、光现象	探究影响光斑形状的因素有哪些	根据探究目的设计实验方案；应用所学知识解释相关的现象
4	制作一个医用冷藏盒	六、物质的物理属性	①探究选择哪种保温材料和放在保温瓶中的低温物质，冷藏效果更好；②根据实验结论，自制一个冷藏盒，并检验其保温性能	了解材料的物理属性；有评估并改进方案的意识
5	制作简易的密度计	十、压强和浮力	制作一个简易密度计，并检验刻度误差	理解阿基米德原理与漂浮条件；会用物理原理指导制作，能说明刻度线的特点；会用理论分析扩大量程或提高精确程度的方法
6	设计、制作一个机械模型	十一、简单机械和功	分组制作由两种或两种以上简单机械组合而成的机械模型，要求用它能省力地提升重物	能坚持原则又尊重他人，有团队意识；了解机械工作时的特点，知道复杂机械是由简单机械组成的
7	设计简单电路	十三、电路初探	①设计并制作病房呼叫电路模型；②拓展研究：设计并制作选答器模型、楼道开关电路模型、交通信号灯模拟电路	了解串、并联电路的特点，会连接串、并联电路；能从科学性、新颖性、工艺水平、演示效果等角度对作品进行评价和改进
8	设计和制作一个模拟的调光灯	十四、欧姆定律	选择合适的器材，设计和制作一个亮度能够连续调节的调光灯	能根据功能、要求等设计简单的电路，有电路安全的意识；会用欧姆定律确定器件的规格；会分工合作，能写出实验报告并在全班交流
9	对家庭用电的调查研究	十五、电功和电热	①调查家庭用电线路；②估测各用电器的实际功率；③节能灯和白炽灯耗能情况的比较研究	了解家庭电路的基本结构和连接方式；练习使用电能表，通过估测理解额定功率和实际功率；有安全用电和节约用电的意识

当然，梳理表 2 并非是要限定物理综合实践活动的选择范围，而是强调

要科学设计活动的项目，使活动目标指向物理学科核心素养，以"素养中心"优化活动的设计与实施。除教材中单列的上述活动外，教师还可以根据教学条件和实际需要开发活动，从而不断丰富物理综合实践活动的课程资源。如在力学学习中，可以设计以下两个综合实践活动：（1）用橡皮筋、回形针、棉线、小瓶盖、牙膏盒、铁丝和刻度尺等，做一个如图1所示的橡皮筋测力计。想一想，怎样较准确地标注它的刻度？（2）设计方案，测量一根头发所能承受的最大拉力，说明实验步骤并动手测一测。教师可以自由开发活动项目，学生也可以研究自己发现并提出的问题，但活动的起点和归宿都应该是物理学科核心素养，这正是物理综合实践活动的目标指向。

图1　自制测力计

二、活动项目在科学探究、科学内容两个维度上均具有较强的综合性

物理综合实践活动通常是跨课时的，甚至要延伸到课外，需要较高的时间成本。在何处开展活动才是有必要和有效益的呢？就项目选择而言，要具有综合性。这里的"综合性"主要表现在两个方面——从科学探究的角度看，要覆盖多个探究要素；从科学内容的角度看，要指向学科大概念。

以下结合案例阐释对于"综合性"的相关理解。

1.探究要素全覆盖，有利于学生理解科学本质和发展科学探究素养

在科学探究设计中，由于课时所限，不可能在每次探究活动中各个要素都面面俱到，往往一次科学探究活动只能侧重某些探究要素。比如，学生实验"观察水的沸腾"就侧重于进行实验与收集证据（将水加热至沸腾，记录温度变化）、分析论证（归纳沸腾的特点和条件）两大要素，设计实验、评估方案等环节通常无暇顾及。在科学探究组织中，由于时间所限，时常看见教师将实验步骤一条条地罗列给学生，并代替学生绘制各种表格，让学生"按方抓药"不求甚解地在表格中填入数据，这种菜单式的实验操作模式固然容易得出预期的实验结果，但不利于学生实验探究能力的培养。

因此，给予学生足够的时间，经历完整的科学探究过程，是十分必要的。而那些涉及要素较少的探究活动，完全可以在课内完成，没必要大张旗鼓地组织综合实践活动。下面以"探究树荫下的光斑"为例，说明物理综合实践活动在科学探究上的"综合性"（表3）。

表3　"探究树荫下的光斑"的科学探究要素分析

探究要素	活动简述	能力要求
提出问题	地面上的光斑为什么会有不同的形状？那些较小的圆形光斑为什么较暗？	能从日常生活、自然现象或实验观察中发现与物理学有关的问题
猜想与假设	光斑是太阳光透过树叶间的缝隙照在地上形成的，光斑的形状可能是由缝隙的形状决定的？	有依据地对问题的可能答案提出猜想，能对探究可能出现的结果进行推测与假设
设计实验与制定计划	如何用实验来验证你的猜想？需要哪些实验器材？	明确探究目的和已有条件，能考虑影响问题的主要因素，有控制变量的意识，会选择科学探究方法及所需要的器材
进行实验与收集证据	改变孔的形状、大小、到地面的距离等因素，用相机拍摄相应的实验现象	能通过观察和实验收集证据
分析与论证	根据观察到的现象得出结论，并应用所学的知识进行解释	能对收集的信息进行简单归类及比较，尝试对探究结果进行描述和解释
评估	评估探究过程和结果	能关注探究活动中出现的新问题，尝试改进探究方案
交流	根据探究过程写一篇小论文与同学交流	能表述探究的问题、过程和结果

实践过程主要在课外，实践指导和成果展示主要在课内，在时空上有效保障了科学探究各要素的深入开展。经历这样一个完整的科学探究历程后，学生可能会察觉科学就是在寻求对自然现象的解释和理解，科学研究是根据有限的证据，对结果提出可能的猜想，再收集更多证据来检验猜想，如此往复，不断修正的求真过程。

2. 科学内容综合性强，有助于学科大概念的意义建构

在课堂教学中，教师很容易习惯性地陷入聚焦碎片化的"知识点"教学。碎片化的知识，由于缺乏情境和意义的联结，是难以迁移应用的，更无助于能力的内化。而物理综合实践活动具有较明显的"单元"属性，往往一个教

材单元才配套一个综合实践活动。为此，有必要思考综合实践活动对教材单元的发展性。

物理概念是有层级的，较小的概念连接在一起可以形成较大的概念，直到发展成学科的几个顶层概念（观念）[1]。我们的教材单元通常是围绕一个大概念编排的。比如，"物态变化"单元就是由温度、状态、热传递、六种物态变化等小概念连接成一个大概念"物态变化"。再如，"力与运动"单元则是由运动状态、平衡力、平衡状态、平衡条件、牛顿第一定律、惯性等小概念连接进而形成大概念"力与运动的关系"。

如果将物理综合实践活动置于大概念理念的视域下，其性质可以界定为"大概念下的以问题为导向的深度学习"。下面以"对家庭用电的调查研究"为例，说明综合实践活动如何促进大概念的意义建构（图2）。

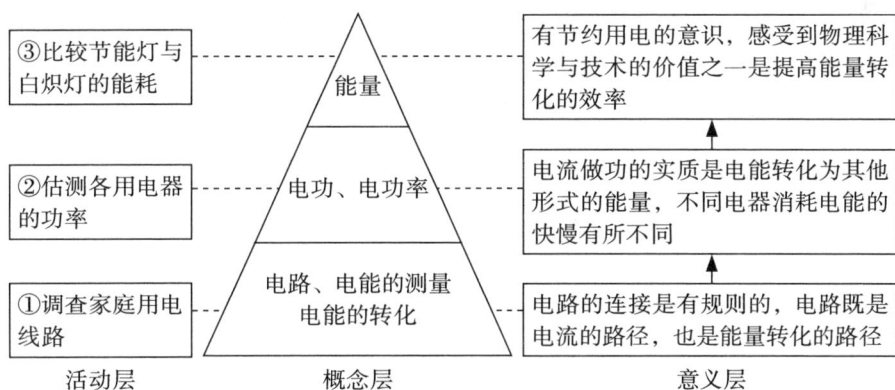

③比较节能灯与白炽灯的能耗	能量	有节约用电的意识，感受到物理科学与技术的价值之一是提高能量转化的效率
②估测各用电器的功率	电功、电功率	电流做功的实质是电能转化为其他形式的能量，不同电器消耗电能的快慢有所不同
①调查家庭用电线路	电路、电能的测量电能的转化	电路的连接是有规则的，电路既是电流的路径，也是能量转化的路径
活动层	概念层	意义层

图2　"综合实践活动促进物理大概念的意义建构"示例图

从图2可以看出，活动①指向三级主题"电路""电能的转化"，活动②指向二级主题"电磁能"，活动③指向一级主题"能量"。教师在设计和整合活动内容时，要显化概念的进阶过程，要体现"知识（电路）—技能（估测）—观念（节能）"的认知图式。

学生在平时的教材单元学习中，也在逐步构建大概念，但概念越大离实际现象就越远，呈现的形式就越抽象。而凸显内容综合性的实践活动，恰恰可以架构抽象与具体、理论与应用之间的桥梁。因为这些实践活动源自真实问题，并在问题解决中实现概念进阶，达成概念与情境（意义）的联结。

需要说明的是，完整探究过程的经历和学科大概念的意义建构，是可以融合的，而融合的程度恰恰取决于内容的综合程度。这一内涵的把握，可以助推教师物理教学观的更新。物理教学不应该传授给学生支离破碎、脱离生活的抽象理论和事实，而应当慎重地选择一些重要的科学观念（大概念），用恰当的、生动的教育方法（如综合实践活动），帮助学生建立完整的对世界的理解，初步形成科学态度，掌握科学方法，了解科学精神，进而建构一个人健康协调发展的基础。

活动目标的指向性是关键，它回答了"为何活动"的问题，确保实践活动不偏离培育物理学科核心素养的航道，从而最大限度地发挥学科育人的价值。这要求教师准确认知学科的体系结构、学科思想方法、学科大观念和核心概念，以确定综合实践活动的目标。活动项目的综合性是基础，综合性的实践活动更利于提高学生的探究能力，帮助学生形成物理观念。结构化、情境化、凸显学科大概念的实践项目，最能体现学科知识发展或认识世界的方式之丰富，最能激发学生深度参与学习活动，让教学触及学生心灵。

参考文献：

[1] 温·哈伦. 以大概念理念进行科学教育 [M]. 韦钰，译. 北京：科学普及出版社，2016.

指向素养发展的项目式学习教学

——以"可燃冰资源开发和利用"为例

康永明[①]　陈　颖[②]　汪美荣[③]

本案例是化学反应速率与限度的专题复习课。化学反应速率与限度是高中化学选择性必修 1 "化学反应原理"模块的核心内容，学生需要通过专题复习，进一步体验调控和利用化学反应在生产生活中的广泛应用，同时也巩固他们在新授课学习中建立的对化学反应的认识角度和认识思路。案例采取项目式学习的教学模式，将真实素材贯穿课堂教学的核心环节，让学生通过项目学习解决真实、复杂问题。项目式学习使学生切身感受化学与生产、技术、环境的密切联系以及学习化学的意义，同时发展其变化观念与平衡思想、科学态度与社会责任、证据推理与模型认知等素养。

一、指向素养发展的教学设计

1. 项目式学习主题的确立

对于化学反应的方向、速率和限度这一内容，《普通高中化学课程标准（2017 年版）》（以下简称"新课标"）中指出，要求学生认识化学反应速率和化学平衡的综合调控在生产、生活和科学研究中的重要作用。在学业水平方面，新课标提出，学生需要能运用浓度、压强、温度对化学反应速率和化学平衡的影响规律，推测平衡移动方向及浓度、转化率等相关物理量的变化；能讨论化学反应条件的选择和优化；针对典型案例，能从限度、速率等角度对化学反应和化工生产条件进行综合分析。

①　康永明，北京市一〇一中学教师。

②　陈颖，北京市海淀区教师进修学校高中教研室主任。

③　汪美荣，北京市一〇一中学教师。

可燃冰资源的开发与利用是能源领域的热点问题，我国在可燃冰资源开发方面取得了先进的成就。从化学的角度看，可燃冰资源开发和利用涉及化工生产中对化学反应的设计、调控和利用，即通过投料比、反应物浓度、压强、温度、催化剂等反应条件实现对反应的调控，教学能够承载反应的方向、限度和速率等核心知识的功能价值，与新课标的要求相吻合。项目学习过程中，学生扮演工程师，模拟建立工厂，利用元素观、原子经济性、反应方向等理论设计并优化可燃冰的转化方案，再从反应速率、反应限度等角度综合分析可燃冰的转化条件，完善工艺流程。

2. 单元教学整体规划

（1）教学目标的确定。

对于化学反应的方向、速率和限度这一内容主题，新课标中也提出了相应的学业质量标准：能根据反应速率理论和化学平衡原理，说明影响化学反应速率和化学平衡的因素（水平3）；能结合生产和生活实际问题情境说明化学变化中能量转化、调控反应条件等的重要应用（水平3）；能从调控反应速率、提高反应转化率等方面综合分析反应的条件，提出有效控制反应条件的措施（水平4）；能依据化学变化中能量转化的原理，提出利用化学变化实现能量储存和释放的有实用价值的建议（水平4）。

本案例根据学业质量标准提出了相应的教学目标：通过可燃冰的开发利用，明确温度、浓度、压强以及催化剂等对反应速率和化学平衡的影响；通过对资源的综合利用，从正面视角来认识化学，传播正能量，提高学生环境保护意识；利用文献数据推论资源转化过程中的最优路径及最佳反应条件；通过设计可燃冰资源开发和利用的工艺流程图，思考物质转化和能量转化，实现物质与能量的循环利用。

（2）单元教学流程。

本案例分为两个课时。第一课时以可燃冰（甲烷）合成气为素材，重点突出依据元素观、原子经济性、反应方向等理论选取反应物的方案，并从反应速率、反应限度等角度思考可燃冰的转化方案。第二课时以合成气制备甲醇为素材，从文献或者图表中提取有效信息，对可燃冰转化方案进行优化，设计并优化可燃冰的转化方案工艺流程图，梳理资源开发利用的一般思路方法。

◎第一课时教学流程

环节一：利用甲烷制备合成气，设计并选择化学反应。学生根据教师的不断追问进行头脑风暴，进而确定设计陌生反应的系统思路和视角，希望渗透变化观念素养。

环节二：探讨提高甲烷和二氧化碳制备合成气的生产效率。部分学生思考讨论并分享自己思考的结果，其他学生进行补充，体会平衡思想。

环节三：画出甲烷和二氧化碳反应的工艺流程图。学生动手画工艺流程图并交流汇报，渗透宏观辨识与变化观念。

◎第二课时教学流程

环节一：设计合理方案提高 $CO+2H_2CH_3OH$ 反应的生产效率。要求学生从提高反应速率和转化率两个角度入手，设计方案，考虑温度、压强、浓度、催化剂的选择。渗透模型认知与平衡思想。

环节二：结合图表信息，选择最佳的条件，对工艺进行优化。要求学生从数据中提取有用信息，选择最佳温度、压强、催化剂以及投料比，并进行分析解释。着眼证据推理与科学精神的培养。

环节三：画出以甲烷为原料，合成甲醇的工艺流程图。要求学生设计具体的工艺流程图，关注气体投料比、产物分离、反应物循环利用、绿色环保等问题。发展宏观辨识与变化观念。

环节四：讨论工艺流程中对于能量方面的思考，设计优化反应的投料。要求学生创造性地思考能量转化等问题，培养创新意识与社会责任。

二、核心环节的教学实施过程及效果

本案例选择可燃冰的开发与利用为情境素材，让学生模拟建立工厂。学生扮演工程师，设计并选择反应，实现可燃冰的转化，并根据相关理论知识选择合适条件，对工艺流程进行优化。本文挑选三个核心环节展开。

1.设计并选择甲烷制备合成气的反应

【教学片段】

情境：播放视频《新能源可燃冰的开发》。

教师：现在假设同学们都是工程师。如果我们想开一个以可燃冰为原料的工厂，怎么利用可燃冰中的甲烷？

学生交流、讨论，得出结论：物质转化和能量转化。

教师：甲烷比较稳定，直接转化成化工产品比较困难，一般先转化成合成气 CO 和 H_2。如何把 CH_4 转化为 CO 和 H_2？请你寻找合适的反应物来实现转化。

学生：可以选择 CO_2、H_2O、O_2、O_3、H_2O_2、CaO 等物质。

教师：为什么选择这些物质？

学生：因为这些物质含有氧元素。

教师：也就是说我们在设计化学反应的过程中要关注到元素守恒问题。现在请你进一步缩小反应物的范围，你会留下哪些反应物？

学生：CO_2、H_2O、O_2，因为这些物质比较容易得到。

教师：非常好，我们还关注了原料的来源问题。其实我们也可以从原子经济性的角度来思考，尽可能提高原子利用率。

教师：CH_4 与 CO_2、H_2O 或 O_2 反应发生的可能性如何？

追问：你还需要什么样的数据支持？你的依据是什么？

学生通过信息给出的 ΔH 和 ΔS 数据，计算 ΔG 判断反应的可行性。

此环节是第一课时的环节一，帮助学生梳理在设计陌生反应遇到问题时，应该从什么角度去思考与解决，落实元素守恒、原子经济性、原料来源、反应方向等认识角度。

2.选择合适的反应条件

【教学片段】

教师：请根据图表等相关信息，选择合适条件对 $CO+2H_2 \rightleftharpoons CH_3OH$ 的反应工艺进行优化，并说明理由。

学生以小组为单位，在大白纸上建立工厂，选择合适的温度、压强、催化剂、投料比等卡片贴到相应的位置，并将作品进行展示。小组之间相互提问、质疑，并进行辩论，分析选择该条件的依据。

此环节使用的图表等素材如图1所示。

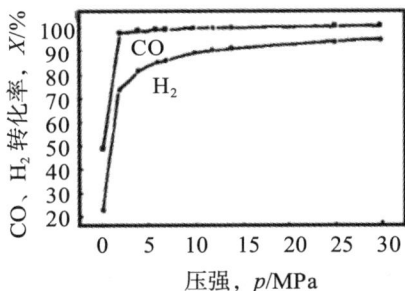

图1 CO、H_2转化率与压力的关系

此环节帮助学生多角度分析化工生产中的条件，权衡利弊，提高生产效率。当选择的条件对化学反应速率和化学平衡移动所起的作用相反时，还需要综合考虑，对反应条件进行系统评估。

3.设计并优化工艺流程

【教学片段】

教师：以甲烷为原料，合成甲醇，请以小组为单位画出工艺流程图。

学生对本组所画的工艺流程图进行汇报。

教师：请问你们在画工艺流程图时都考虑了哪些问题？

学生1：没有反应完全的反应物要循环利用，不能随意排放。

学生2：要选择合适的投料比，避免浪费。

学生3：在条件的选择过程中还要考虑成本问题。

教师：同学们说得非常好，我们的确要考虑绿色环保、经济以及物质的循环利用等问题。我再给同学们提供一个思路，能量是否也可以循环利用呢？

学生进一步修改，最终得到如图2所示的工艺流程图。

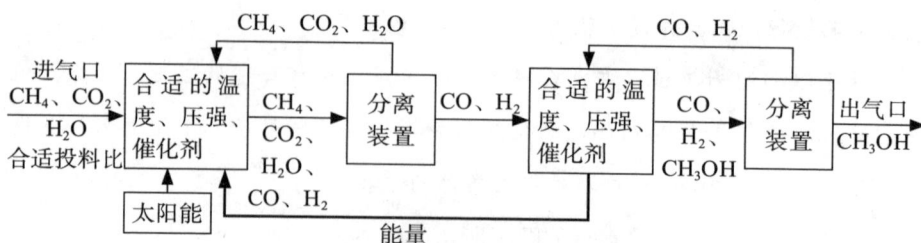

图2　学生修改制作的工艺流程图

此环节期望学生发散思维，多方面思考工业生产问题，并能够创造性地提出一些修改意见。

三、教学反思

1. 核心教学策略

（1）深入挖掘文献中的情境素材。

在情境素材选择过程中，要考虑到该素材能否承载反应的方向、限度和速率等知识，以及该素材在教学过程中能否帮助学生形成认识和调控反应的思路。

在素材转化的过程中，主要考虑学生活动如何组织。例如，由甲烷制备合成气有三条途径：水蒸气重整法、甲烷部分氧化法和二氧化碳重整法。[1][2][3]这些文献资料主要用于第一课时设计并选择甲烷转化的反应物，让学生来讨论，明确思路方法；由合成气制备甲醇的最佳工艺条件是：温度500~530 K，压强 5~10 MPa，以 $CuO/ZnO/Al_2O_3$ 为催化剂。[4][5][6]这些文献资料主要用于第二课时反应条件的选择活动中，将文献资料转变为图表信息，供学生分析与选择。

（2）利用驱动性任务贯穿课堂。

第一课时，以可燃冰（甲烷）制备合成气为素材，主要围绕设计并选择反应展开，以分析解释型任务、推论预测型任务、简单设计型任务为主要任务。第二课时，以合成气制备甲醇为素材，以设计工艺流程为载体展开，优化生产方案，以分析解释型任务、简单设计型任务、复杂问题解决型任务、创新思维型任务为主要任务。

（3）利用模型建构外显思路方法。

案例设计以资源的开发利用为载体，以化学反应速率、化学平衡、化学反应方向为知识落脚点，以科学家思维为学生认识发展点，探讨资源开发过程背后的化学思考，让学生形成资源开发利用的一般思路。通过教学所建构的认识模型如图3所示。

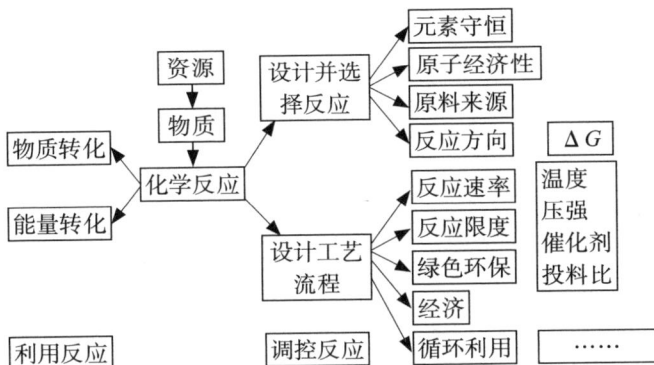

图3　认识模型

2. 后期改进设想

（1）线上与线下结合。

教师可以采用线上、线下相结合的教学方式。线上围绕学习主题推送资源内容，学生根据需求，在规定时间范围内自主安排时间进行在线学习，设计可燃冰的转化方案，并参与研讨。

教师根据学生的学习数据，分析、诊断和提炼共性问题，在课堂上针对共性问题组织学生活动，提高活动效果。

（2）课堂与实践结合。

在本复习课结束之后，教师可以组织学生参观化工厂或观看有关的影像资料片，考察企业的选址情况，收集产品的生产原理、原料利用率、能耗、投资和成本核算等资料，撰写考察报告。

参考文献：

［1］郝世雄，余祖孝，刘兴勇. 甲烷二氧化碳催化重整制合成气研究进展［J］. 化学世界，

2010（5）：314-318.

［2］井强山，刘鹏，郑小明.甲烷临氧催化转化制合成气研究进展［J］.化学通报，2008（9）：643-649.

［3］龙威，徐文媛.甲烷重整制合成气机理研究的进展［J］.河北师范大学学报，2011（4）：401-406.

［4］王桂轮，李成岳.以合成气合成甲醇催化剂及其进展［J］.化工进展，2001（3）：42-46.

［5］余双菊.合成气制甲醇工艺概述［J］.广东化工，2015（21）：100-102.

［6］姜涛，牛玉琴，钟炳.CO+H_2合成醇体系的化学平衡分析［J］.天然气化工，1999，24（2）：25-30.

指向核心素养养成的项目教学

——以地理学科为例

程　菊[①]　王万燕[②]

　　项目教学是以项目的方式向学生提出富有挑战性的问题或任务，围绕某个项目情境，学生通过设计问题解决方案、自主决策或合作探究等活动，最终以作品制作的形式展示学习成果[1]。项目教学融合多学科知识内容，让学生在体验项目的过程中将其融会贯通，对培养学生的核心素养、突出学生的主体性等都具有重要的作用。

一、项目教学设计与实施

（一）创设项目情境

　　情境是知识的载体，要将知识转化为素养同样需要情境，项目教学的情境不是凭空设计的，而是真实的、源于生产生活实际的。真实的问题情境能充分激发学生的探究兴趣，促进学生理解、内化知识。情境通常是不良结构的，提供的是一个不确定的情境刺激，不是学生能直接得出答案的具体问题。由于难以确定解决问题所必需的规则和原理以及解决问题的方法和步骤，需要学生通过多种学习交互方式合作探究，寻找最佳的问题解决办法。项目教学情境的选择需要综合考虑学生的学习兴趣、学情、真实情境所蕴含的教育价值等因素，基于课程标准寻找各因素的契合点，创设教学情境，引导学生的探究方向。例如：

　　【情境一】2013 年，习近平总书记在中央城镇化工作会议上讲到："为什么这么多城市缺水？一个重要原因是水泥地太多，把能够涵养水源的林地、

————————
①　程菊，山东省济南市教育教学研究院教研员。

②　王万燕，山东师范大学地理与环境学院研究生。

草地、湖泊、湿地给占用了，切断了自然的水循环……"

【情境二】内涝已成为济南市遭遇强降雨后的普遍状态。由于不透水屋面和地面持续快速增加，能够吸收雨水的地面和水面急剧减少，加之城市排水管道为硬质设施，因此内涝频繁发生。

教师引导学生思考："城市中的水从哪里来，要到哪里去呢？（任务一）城市的缺水与内涝两者貌似是一个矛盾体，两个问题是怎么产生的呢？（任务二）该如何解决呢？（任务三）"通过提出一系列问题，激发学生对项目的探究兴趣。

以上情境来源于与学生密切相关的真实生活，而且是不良结构的问题，具有一定程度的复杂性。学生解决项目问题，不仅仅需要地理学科的知识，更需要其他相关学科知识的支撑，项目学习有效地克服了传统分科课程及其教学方式的不足，使各学科知识有效地衔接与融合，促使学生进行深度学习，并形成良好的学习生活习惯、积极的情感态度和价值观。因此，项目教学的任务情境不仅具有复杂性，更重要的是承载着育人价值，服务于学生核心素养的培育。

（二）确定任务群，设置任务驱动

项目教学的学习情境来源于真实生活，真实生活中的情境不可能只涉及单一的学科知识，必然对应着复杂的、综合性的知识与技能。为了更好地解决项目大主题，学生要对主题进行深度解剖，在教师的引导下，根据自己的兴趣爱好自主确定若干任务群。任务群可以将这些复杂的、涉及不同学科的知识内容整合形成一个相互依存并紧密结合的系统，在这个系统中各要素相互聚集、相互协调，发挥出巨大的教育力量。学生自主确定具有实践性和探索性且有意义的任务群，设置任务驱动，如此有利于激发学生在现实情境中探究解决复杂任务的兴趣，促进学生核心素养的提升。

对于以上情境，学生可能会产生诸多疑问，如图1。

学生通过头脑风暴记录需要探究的各种问题，根据自己的兴趣爱好以及认知基础将不同的问题分类，确定任务群，并将需要解决的任务划分为不同的探究阶段，制定每一阶段的项目目标定位、项目实施策略、项目评价方式、项目成果类型等内容。

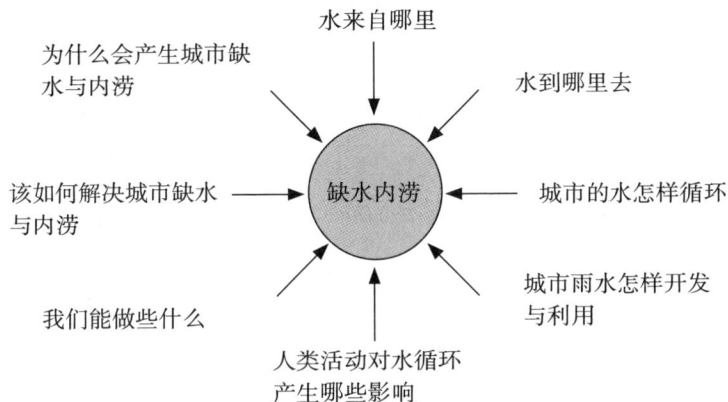

图1

在这一阶段，学生在充分讨论的基础上，探究问题的难度层层递进，问题的深度不断扩展、加深。在任务一中，学生能够掌握解决此项目需要的水循环基础知识，在充分认识水循环的基础上通过任务二探究城市缺水与内涝的原因，认识到其本质在于城市路面影响了雨水的下渗，寻找解决城市雨水下渗难的措施，进而通过任务三探讨水资源的开发与利用，三项任务之间相互关联，形成解决项目主题的任务群。学生在解决问题的过程中会发现任务之间的联结，这有利于学生形成结构化的思维网络，突出学科内容的关联性和结构性。

（三）项目推进

项目实施与推进是项目教学的中心环节，也是学生自主参与学习、通过搜集资料等多种方式尝试解决问题的环节。教师可以根据学习的内容进行讲授，帮助学生搭建"脚手架"，以便项目研究高效地推进[2]。在这个环节中，项目小组成员之间进行合作、交流、质疑、探究等多种学习，参与多样化的活动，学习内容与学习方式趋向多元化。

任务一：调查城市雨水的来龙去脉

学生走出教室，通过互联网收集资料，或者走上街头调查居民对雨水的看法，实地考察城市雨水的来源、去向以及利用状况。通过调查，学生发现城市雨水来自大气降水，流向河流、湖泊。那么，城市雨水究竟是怎样实现循环的呢？

为了更好地解决这个问题，学生收集本地的气候、河流等相关资料并通过实验的方法加以印证。实验探究烧杯中小水滴的变化。通过小组合作的形式开展实验任务，让学生观察烧杯中的小水滴变化的情况并记录思考，通过不断加实验限制条件的方法训练学生的综合思维。实验步骤如表1。

表 1 　城市水循环模拟实验步骤

实验步骤 1：在烧杯中装入热水，用记号笔标出液面的位置，用酒精灯加热，预测液面的变化	预测记录：
实验步骤 2：改进实验，借助工具使蒸发的水再回到烧杯中	推理线索：
实验步骤 3：继续改进实验，使烧杯中的水转移到烧杯外装有沙土的烧杯中，并观察盛有沙土的烧杯中水滴的运动	图示轨迹：

教师引导学生将空间视角放大，思考与探究水在真正的自然界中是如何变化的，引出水循环的概念，学生通过绘制水循环示意图掌握水循环的各环节，认识自然界的水能够实现自然的循环。

学生在社会、网络等开放性的环境里，通过自我思考、自主制定学习计划、自主探究等多种方式寻找问题答案，注重体验性、探究性。教师适时引导，有利于学生根据驱动性问题情境梳理解决问题所需的学科知识、技能。在完成任务的过程中，学生不仅学到了水循环的相关知识，而且重新建构了气候、河流等与水循环的联系，建起知识"脚手架"，提前为学生进行下一步的项目探究做铺垫。

任务二：探究"不听话"的城市雨水

通过任务一的学习，学生的思维更加活跃了，教师进一步引发思考：既然城市的雨水能够实现自然的循环，为什么还会产生缺水与内涝呢？该怎么解决呢？学生意识到，城市的硬化路面可能改变了水循环的径流与下渗环节。

为了更好地阐述其中的缘由，学生通过各种方式寻找解决问题的措施。

各项目小组根据收集的资料提出自己的解决方案，开展班内辩论会，各小组就自己的方案进行阐释，说明方案的理论依据、发展前景，其他小组提出质疑，项目小组之间充分交流。

辩论会中，有的小组提出在城市里修建水库，将地表径流引入水库；有的小组提出在城市里多开辟绿地种草种树；有的小组提出通过建透水路面、雨水花园等方式将水储存在地下，建设海绵城市。学生经过质疑辩论后认为，在城市里建水库、修绿地不可行。一方面，城市面积有限，大面积地建水库、绿地根本不现实；另一方面，会改变地表形态，破坏生态环境。学生充分讨论后，认为建设海绵城市是最可行的方法，进而引发对海绵城市的思考。

项目教学是学生自主完成复杂任务的过程，学生利用多媒体工具、网络或者社会资源自主习得知识，实现从知识本位、学科本位向素养本位、学生发展本位的根本转型[3]。在辩论会中，学生的主体地位得以充分展现，各小组通过探究、合作、交流与质疑，寻找解决城市缺水与内涝的措施，改变直接告诉学生答案让学生机械记忆的教学方式，有利于学生形成科学的思维架构，并能应用于生活实际，培养学生高层次的思维能力。

任务三：漫谈城市水的开发与利用

通过任务二的学习，学生对"海绵城市"有了初步认识，对海绵城市如何实现水的开发与利用，有了进一步探究的欲望。运用在前面任务中学习到的知识，学生探究讨论，项目主要围绕以下几个问题展开。

海绵城市系统是如何组建实现水循环的？

济南市适合建设海绵城市的区域符合什么特点？

建设海绵城市需要综合考虑哪些因素？

海绵城市的建设对泉水会不会产生影响？

海绵城市收集的雨水可以在哪些方面利用？

我能为海绵城市建设做些什么？

学生通过各种途径收集资料分析海绵城市建设的效益，建构海绵城市示意模型，撰写小论文，并深入思考人与自然的关系，分析人类活动对水循环的影响，树立起正确利用水循环的自然规律、实现人类与环境和谐发展的观念，培养学生的人地协调观、综合思维，让学生意识到城市的发展方向与水资源的开发利用方式密切相关。

项目教学打破了碎片化的知识状态，将问题的最初状态还原给学生，在知识之间建立起横向与纵向的融合。学生经历具有复杂性和挑战性的项目任务解决过程，不仅将思维结构中已有的知识经验融会贯通，并在此基础上探究学习"海绵城市"的相关知识，自主建立起知识与技能之间的联系，建构起关于项目主题结构化的知识网，有利于学生形成解决某一类问题的思维路径，并能够迁移应用到其他情境脉络中，最终实现各种能力与素养的提升。

（四）项目成果展示

通过项目学习，学生对水循环的过程与环节、海绵城市的建设等相关知识都有了深刻的理解，项目成果的展示是多种多样的，如水循环示意图、海绵城市模型、实验报告、水循环探究小论文、视频等多种形式。

二、项目教学评价

项目评价要以项目教学目标为依据，以核心素养的达成度为标准，针对不同的学习内容，建立多种基于核心素养的评价量表，如项目选题评价表、学生活动评价表、项目作品评价表和项目综合评价表，采用多种评价方法，实现评价内容与评价方式的多元化。评价伴随整个学习过程，通过对学生参与项目过程和结果的评价，引导学生学习的方向，增强学生的课堂参与度与问题探讨的深度。以任务一的实验探究为例设计评价量表（表2）。

项目教学中，学生通过对话、协作，将自己探究过程中所表现出来的认知与思维方式、对问题的观点、问题解决的思路以及困惑充分外显化和可视化，有助于教师发现学生的迷思概念和零散知识，了解学生头脑中的思维运作，推知学生在完成项目中的表现、问题解决能力以及核心素养发展状况，不仅可以清晰有效地评价学生的学业成就与非学业成就，更可以通过作品展示来评定学生的学习程度。以项目成果评价为例设计评价量表（表3）。

表2　学生实验探究评价量表

任务	学生反应	核心素养等级	自评	互评	师评
水循环实验探究	研究前期能根据探究的内容利用相关技术或工具收集相关资料并设计简单的实验方案；研究过程相对完整，能在他人的帮助下完成实验过程；能简要解释研究结果	水平一			
	研究前期能熟练地运用相关技术和工具收集不同方面的信息，科学地设计实验方案，准备实验器材；研究过程完整，小组成员协作交流，自主解决遇到的问题；能科学合理地解释研究结果	水平二			
	研究前期能设计实施复杂的模拟实验，收集资料全面，能够预料到可能的情况并做出预案；研究过程中能自主解决遇到的问题，小组成员高效协作，并能发现更多探究主题之外的知识与技能；能科学地解释和评价研究结果，并能将结果应用于实际问题的解决中	水平三			

表3　项目成果评价量表

任务	学生表现	核心素养等级	自评	互评	师评
项目成果	成果主题与项目内容相关，能在他人的帮助下顺利完成项目；能通过作品表达对项目的理解；能在一定程度上反映地理思维和情感；小组成员能顺利地进行合作探究	水平一			
	项目成果主题具有一定的创新性，凸显对项目内容的理解；小组成员能自主完成项目作品；体现地理思维和情感；小组成员能积极地进行合作交流	水平二			
	项目成果主题突出，完成度高；具有较高的创新性，高度表达对项目主题的理解性；蕴含全面的地理思维以及高尚的情感、态度和价值观；作品完成过程中小组成员高效协作交流	水平三			

三、项目教学反思与总结

通过对项目的探究，学生完成各种具有挑战性的复杂且真实的任务，不仅对知识的本质有了更深刻的认识，而且有利于促进学生发展所必备的品格、关键能力的形成，实现核心素养的提升。通过本教学案例，架构起项目教学的实施路径——项目情境创设、项目任务群确定、项目推进与实施、项目成果展示，项目评价贯穿整个教学过程，在完整的教学路径和不良结构的真实任务中，学生的知识技能、思维方式、实践探究等都发生了实质性的变化。

项目教学是一种操作性和体验性较强的教学方式，在综合素质评价和核心素养的教育背景下，它是实现培育学生核心素养不可或缺的途径，但仍需要进一步探索，充分实现其独特的育人价值。

参考文献：

［1］美国巴克教育研究所.项目学习教师指南：21 世纪的中学教学法［M］.任伟，译.
　　 2 版.北京：教育科学出版社，2008.

［2］许萍.以项目学习促进学生核心素养发展——中关村第四小学"项目学习"的设计与
　　 实施［J］.基础教育课程，2016（19）：26-32，55.

［3］杜玲玲，吕晓丽.学生核心素养与教育评价改革——中国教育学会基础教育评价专业
　　 委员会 2016 年学术年会综述［J］.学校管理与发展，2016（12）：9-16.

在问题解决中提升信息素养

——问题解决视角下 VB 程序的项目式教学探究

胡　晔 [①]

一、培养学生问题解决能力是高中信息技术教学之亟需

2016 年发布的"中国学生发展核心素养"把"问题解决"作为六大素养的十八个要点之一单独提出来，它被概括为三种能力和一种情感：善于发现和提出问题的能力、选择制订合理的解决方案的能力、具有在复杂环境中行动的能力，有解决问题的兴趣和热情。《普通高中信息技术课程标准（2017 年版）》中明确指出"培育以学习为中心的教与学关系，在问题解决过程中提升信息素养"，"鼓励学生在不同的问题情境中，运用计算思维形成解决问题的方案，体验信息技术行业实践者真实的工作模式和思考方式"。由此可见，培养学生问题解决能力是目前高中信息技术教学的亟需。

二、程序教学中培养学生问题解决能力的现状分析

在现实的高中信息技术课堂中，程序教学模式单一，教师在课堂上不敢放手；任务布置生硬，缺乏对学生心理的考虑；任务驱动常常变成"课堂作业"驱动。这些情况容易造成学生太过依赖教师，没有自己的思考。造成上述现象的原因，一是教师不从学生角度去把握问题解决的内涵，认为任务之中包含问题，在完成任务的过程中学生的问题解决能力自然能得到提升；二是教师认为程序通常是结构化问题（指通过形式化或公式化的方法描述和求解的问题），程序教学的学法和结果都是单一的，只需将任务驱动到底，而不用像半结构化的多媒体作品那样，需要鉴赏、评析他人作品；三是教师对于

---

① 胡晔，浙江省杭州市余杭实验中学高中信息技术教师。

问题导向的新教学模式比较陌生，不知道应该怎样逐步引导学生开展问题式学习。

下面以笔者过去的一节课为例，看看传统的教学究竟存在怎样的问题。

教学内容：时间计数器

教学目标：（1）能识记 timer 控件；（2）能按照实际要求设置控件的主要属性，如 interval；（3）能理解 timer（）事件处理过程，能掌握事件处理过程的基本代码。

问题设计：（1）三个层进式任务，依次为制作一个整秒显示的计时器→制作一个整秒显示的倒计时器→制作一个带一位小数的倒计时器；（2）三个任务直接给出设计界面图片，但缺少 timer 控件；（3）每个任务的关键代码以填空的方式给出。

教学阐析：（1）层进式任务采用"化整为零"的教学策略，即先完成基础任务，再进阶完成高级任务，难度一步步递增；（2）为了突出问题重点是 timer，任务界面极简，只有标签、按钮，后两个任务加了一个用于输入倒计时秒数的文本框；（3）关键代码填空的方式，采用了半成品加工的策略。

从这节课上交的作业来看，大部分学生完成了任务，但是询问学生后，笔者发现大部分学生对所学知识印象不深，在教师和优秀学生的展示面前，只记住 timer 能够按要求工作，记不住属性设置的细节；多数学生承认，如果不是填空而是自己独立写代码，课后还是"一个任务也完成不了"；部分学生抄袭了代码而没有调试，对时间计数器"没有丝毫兴趣"。这些学生的回答是真诚的，却深深刺痛了笔者。为了改变课堂只属于教师或个别优秀学生的状况，以问题为导向的项目式教学探索被提上了议程。

三、项目式学习的程序教学探究

在项目式学习的教学流程中，问题一旦呈现在学生面前，学生便有问题支架（为学习者建构对问题的理解提供一种概念框架）的需求，它伴随着教学过程的每一个环节（图 1）。

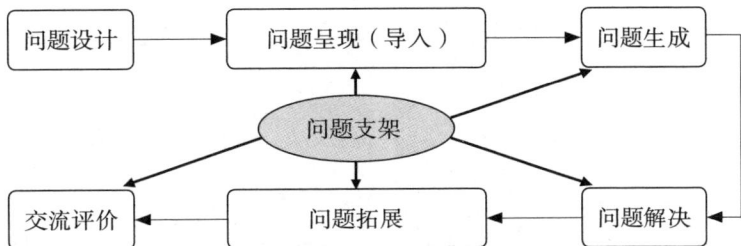

图1　以问题为导向的项目式教学流程

下面同样以"时间计数器"一课为例，运用项目式教学方式，尝试着眼学生问题解决能力的培养。

教学内容：时间计数器

教学时间：2课时。

教学方法：项目式学习。

教学目标：前三点同前，加了第4点，即学生能通过合作，在三个递进的时间计数器的学习过程中，运用计算思维形成解决问题的方案。

问题设计：第1、2点同前，第3点把原来的"填空"改为"学生自己写出程序代码"；增加第4点，即进行分组，同桌两人一组，要求以小组为单位上交这个项目的程序代码和项目总结表。

环节阐析：计划用1.5课时完成这个项目，用0.5课时完成交流评价；学生对项目的角色分配并不熟悉，而单人可能无法完成任务，必要的合作还是需要的，故采用同桌两人一组的方式更容易操作，也不会产生因下位交流而影响课堂的现象。

问题呈现：以《想挑战吗？》视频导入，让视频中的学生提出该项目并演示结果，明确完成标准——自己（小组）制作界面，自己（小组）编写代码，自己（小组）调试程序（图2）。

环节阐析：课前精心拍摄的学生挑战的视频，把问题带入到一定的意义情境中，青少年都有求胜欲，容易接受同伴的挑战；视频的方式，让学生更容易理解项目的目标、最终产品、完成标准。

问题支架：学生思考片刻后，学习timer控件的属性和事件处理过程

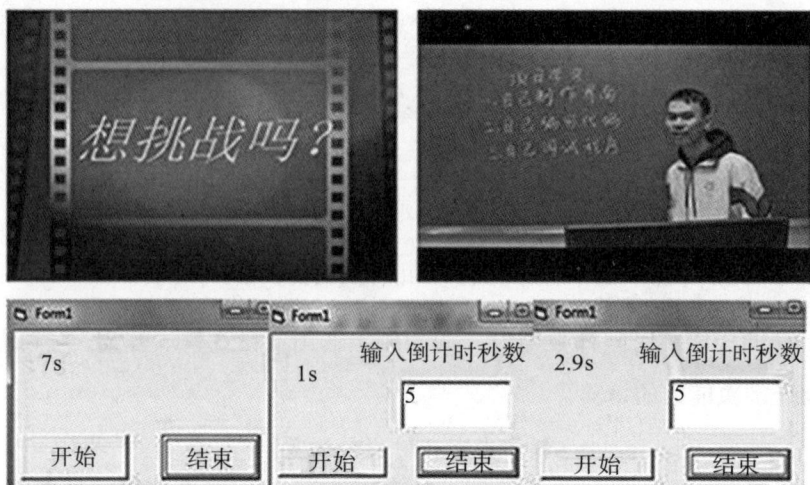

项目一：整秒计时器　项目二：整秒倒计时器　项目三：带一位小数倒计时器

图2　课堂问题呈现

timer（　）。

环节阐析：interval属性要让学生弄清楚，如不运行怎么设置，运行1秒怎么设置等，这是基础知识。对事件处理过程timer（　），学生只需把握"间隔时间到了就触发代码"就行，要让学生在项目学习过程中体会它的真实意思。

问题生成：在三个项目的解决过程中，学生共产生了十多个问题，可归纳为界面设计、程序出错和调试不出三类（详见图4学生项目总结表中对遇到问题的记载）。

环节阐析：项目式学习是基于真实性的学习，只要学生稍有马虎就会出现问题，加之个体性差异，涌现的问题比传统课堂中的问题多得多，表现形式也比较多样，如语法拼写和标点错误之类的细节问题。

问题解决：解决以上问题的途径有生生交流和师生交流两种。现以师生交流解决问题举例。其一，许多学生的计时器时间只走一秒，此为共性问题；其二，有四组学生在采用interval=0的方案让timer结束时，发现时间并没有立即停止，而是慢了1秒后停下来，此为个性问题。无论遇到什么类型的问题，都让学生记录在项目总结表中。

环节阐析：将遇到的问题记录下来是为了让学生能更深刻地回顾问题解决的过程。对于时间只走一秒的共性问题，笔者采用集中讲授法，讲解将时间变量 t 设为局部变量和全局变量的区别；而针对时间没有立即停止的个性问题，笔者先后与其中两组单独交流，演示了事件处理过程 timer（ ）要等到下一间隔到来才能生效的实例；有两组没有参与交流，不知他们是向其他组学生询问后解决的，还是抄袭了 $t=t-1$ 的代码，这个问题留到交流评价时再解决。

问题拓展：问题拓展指在一个问题解决后，引发了另一个问题的产生，它由扩大的认识或新异的发现所引起。在项目式学习过程中，学生往往会产生拓展性的问题。

（1）问题产生

在第三个项目完成后，正准备进行交流评价，一位学生突然发现他的倒计时器好像慢了，并不按 0.1 秒倒计时，于是他大声叫了出来。笔者和他一起测试了两次发现，倒计时器每 1 分钟要慢 9 秒左右。我查看了代码，并没有看出任何问题。此时越来越多的学生发觉了此问题，而我除了表扬学生外毫无办法。

环节阐析：若按既定教学计划执行下去，笔者感到要错失一个重要契机，而且学生会感到遗憾：辛辛苦苦制作出来的倒计时器却不实用。于是后半节课笔者让学生边查找原因想办法，边修改完善项目总结表。

（2）问题解决

课后，找到了问题的原因：虽然倒计时器的时间间隔设为 0.1 秒，但是 timer（ ）事件中 $t=t-0.1$，label1.caption=str（int（t*10）/10）+ "s" 的代码运行时间超过了 0.1 秒，即语句运行时间"撑破"了时间间隔。第三节课一上课，我就把这一发现分享给了学生，得到了热烈的掌声。接着我与学生达成了解决方案，把 $t=t-0.1$ 中的 0.1 改为一个恰当参数。几乎所有的小组都紧盯着手表或电脑时钟调试参数，很快便有学生报出了近似数值。虽然最终结果并不完美，但都是学生自己获得的，让他们印象深刻。

环节阐析：在这一环节中，笔者与学生形成了一个"学习共同体"，学生把教师当作一起探究的伙伴，经历着一起努力的执着和无奈，情感、态度、价值观完全融合在了一起。

交流评价：

（1）方案展示：让学生展示解决同一问题的不同方案，如让timer停止的不同方法，一组设置enabled属性，另一组设置interval为0，然后再把时间减去1秒 $t=t-1$。同时还让学生展示了解决同一问题的细腻程度差异，如第三个项目，有的学生并没有考虑倒计时少于1秒显示时会少掉小数点前的0，而有的学生恰好想到了这一点，在代码前加了一个if语句就解决了该问题（图3）。

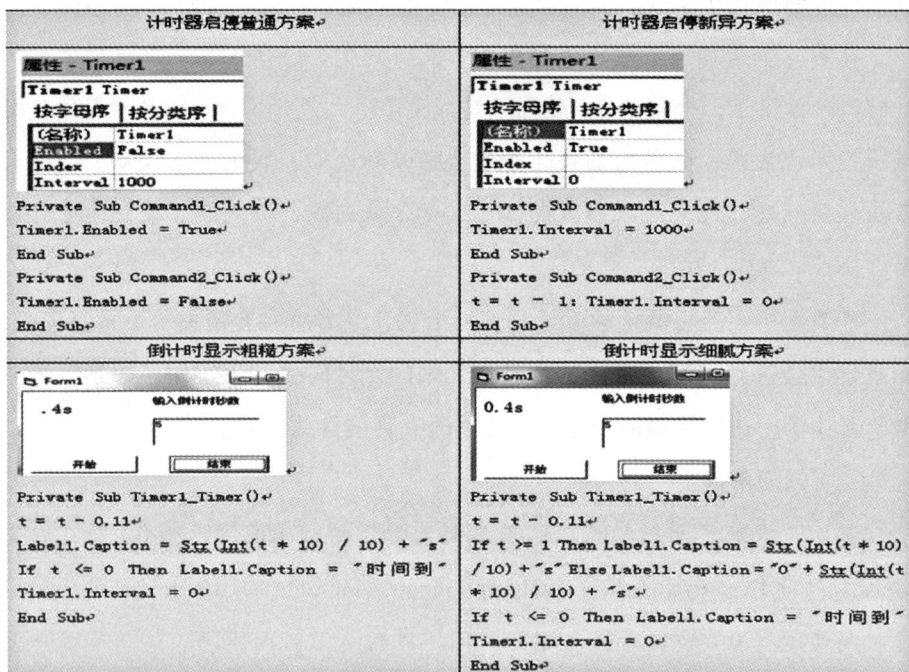

图3　各种方案展示

（2）体会交流：特意展示一组平时表现并不突出的学生的项目总结表（图4），其他学生看到他们的表格后啧啧称赞，从中感受到了许多用心的东西。

项目名称	运行界面	遇到的困难	解决的方法	备忘
项目一、制作一个计时器（整秒为单位）	7s	1. 怎样开始，怎样结束 2. 时间不走 3. 慢了一秒	1. 设置 interval 2. t 设为全局变量 3. 减掉一秒	interval 很重要 全局搞鬼 观察要仔细
项目二、制作一个倒计时器（整秒为单位）	1s	1. 怎么设定倒计时数 2. 出现负数	1. 用 text1 2. 加 if	原来这么简单
项目三、制作一个倒计时器（带一位小数）	2.9s	1. 怎样让时间带小数 2. 0.1秒怎样操作 3. 怎样带一位小数	1. 设置 t 为实数型 2. 设 interval 为 100 3. int(t*10)/10	不精确的 努力学习， 考上本科

图 4　一组学生的项目总结表

环节阐析：项目方案和体会交流是项目式教学所产生的两项"硕果"，是教学评价阶段教师应重点展开的内容——无论新异的方案还是细腻的方案，都值得大加称赞；把个别学生的内心体验外显放大以求情感、态度、价值观的积极交流与融合，展示的学生获得师生的认可，会产生极大的自豪感和自信心，他们感到自己的心血没有白费，以后会继续努力地探究问题，继续坚定地表达自己的心声。其余的学生在生生交流的过程中，会逐渐发现同学的闪光点，积极反思自己的不足，从而快速地提高和成长。

课堂综述：从教学效果方面可以看出，本次采用问题导向的项目式教学和自己以前的教学相比，有较大的优势。切合学生内需的问题导入引起了学生尝试的兴趣；学生完成项目时主动发现了许多问题；在教学设计上，一个问题解决后，层次更高的另一个问题便出现在学生面前，学生自主选择方案，直到解决所有的问题；在解决问题的过程中，尤其面对新异问题，通过师生交流、生生交流，形成了学习共同体，提升了行动的能力；在交流评价中，学生不仅展示了各自解决问题的方案，还交流了彼此解决问题的心得，提高了解决问题的兴趣和热情。

四、总结与反思

从表1中可以看出，相较于传统任务驱动教学，项目式教学不仅对于问题的求解视野和复杂程度有不小发展，学生求解的主动性也得到了提升，当

表1 问题解决视角下两种教学方式对照表

比较点	传统任务驱动教学	项目式教学
问题解决类型	结构化问题为主,如作品加工	半结构化、非结构化问题为主,如作品设计
问题求解时间	一般一节课	多节课
问题解决目标	解决一个问题	解决同一类问题
问题解决范围	一节课涉及的知识、技能,注重细节操作	同一类作品涉及的知识、技能,既注重整体设计又关注局部实现
问题求解支架	不具拓展性,单薄	具有拓展性,丰富,如帮助文档、参考资料等
问题解决方法	学生被动接受,通过模仿他人行为来解决	学生主动探究,通过生生、师生交流逐步建构完善
问题解决结果和评价	作品完成在教学预设内,评价交流生硬,学生被动	往往产生超出教学预设的新异作品,评价交流生动,学生主动

然,教学时间也需要随之增加。

要完成项目式教学,教师肩负着问题设计、问题生成、问题解决、问题评价中所有框架性概念的合理给予,教师的课前准备要非常充分,如多做一些课件、微课,多准备一些帮助文档,多思考一些突发情况等,以应对学生个体差异,促进学生思考。

同时,教师要从知识的"传递者"转向问题解决的"助学者",要找准"讲授"和"探究"的平衡点。结合程序教学来看,基础性知识还是需要适当讲授的,完全由学生自己研究难度太大;生成性的问题可以让学生自己动手解决。在问题展开的每一个环节,教师都要思考是否有比直接"说破"更好的方法——它以问题为导向,牵着学生的好奇心一步步往前走。因为学生只有在自身实践中参悟到了道理,解决了问题,才会对所学内容有深刻的印象,这样的学习才具有真正的意义。

基于项目化学习的高中地理实践活动设计与实施

——以"福州市上下杭旅游开发条件探究"为例

朱枭雄[①]　刘恭祥[②]

《普通高中地理课程标准（2017年版）》（以下简称"课程标准"）对高中地理实践活动高度重视，将"地理实践力"作为地理学科核心素养之一，并且在课程目标、课程内容和实施建议中分别对地理实践的相关内容做了要求。高中地理实践活动是学生在真实、复杂的情境中，应用所学的高中地理知识、技能和方法解决实际问题，关注的是地理学科的实际应用[1]。传统的地理实践活动设计主要关注特定地理技能的培训、操练，或碎片、零散的知识应用，虽然在一定程度上可加深学生对部分知识的理解，但对学生如何在真实、复杂的情境中应用、迁移知识以及在此基础上创造、创新则明显关注不够。

项目化学习是学生在驱动性问题和情境的促使下，在一定时间内通过实践探究，解决一个复杂的问题、困难或者挑战，从而在这些真实的经历和体验中习得知识和技能的学习模式。它包括如下关键要素：指向学科的核心概念和知识，驱动性问题的解决贯穿项目化学习始终，持续性的实践探究活动和形成公开可见的成果[2]。想要有效发挥地理实践活动的育人功能，项目化学习是一种有益的尝试。教师在传统地理实践活动"目标—方案—实践"的基础上，围绕学生身边的乡土地理问题，设计了基于项目化学习的高中地理实践活动框架（图1）。为保证研究结果的真实性，本研究设置实验班和对照班，在实验班的教学中实施基于项目化学习的高中地理实践活动，对照班与实验班成绩整体相当，并且开展同一主题的传统地理实践活动，用以进行实

---

① 朱枭雄，广东省东莞市第一中学地理教师。

② 刘恭祥，福建师范大学地理科学学院副教授，硕士生导师。

施效果的对照。

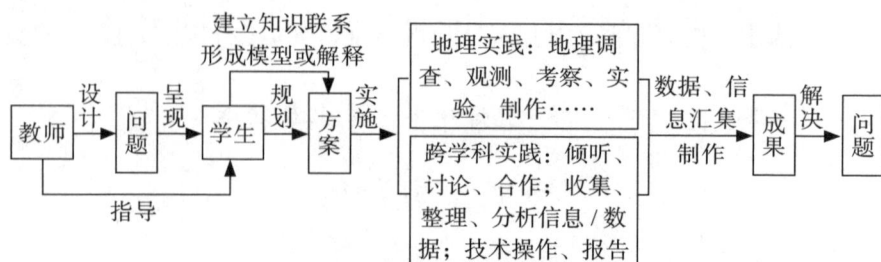

图1　基于项目化学习的高中地理实践活动框架

一、基于项目化学习的高中地理实践活动

为了更详细、完整地阐述基于项目化学习的高中地理实践活动设计与实施过程，本文以"福州市上下杭旅游开发条件探究"项目为例，分别从项目设计、项目实施、项目成果交流与总结三个方面展开说明。

（一）项目设计

项目设计首先需要教师基于课程标准、教材内容和学生情况提出项目主题，项目主题最好能让学生有一定的选择性。然后，教师根据选定的项目初步构建项目中可能涉及的知识内容体系和实践活动，据此进行教学目标设计。此外，教师还需要将项目内容涉及的核心知识，即本质问题转换为驱动性问题，同时设计情境，将驱动性问题囊括其中。最后，针对项目的教学目标和驱动性问题，教师对项目实施的流程、方案及过程性评价等进行详细规划和完善。根据已有研究成果和实践经验，可以构建的项目设计流程如图2所示。

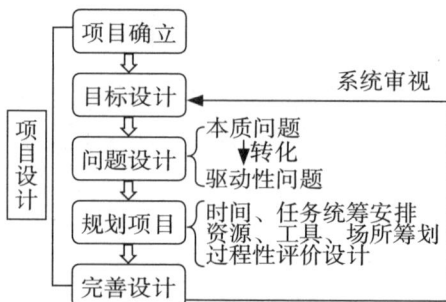

图2　项目设计流程

1. 项目确立

为引导学生在真实情境中尝试应用地理知识解决现实问题，促进学生对乡土地理问题的关注和对家乡优秀文化的认同与传承，培养学生的地理学科核心素养，我们研究整合"地图""地域文化与城镇景观""城镇的内部空间结构""服务业的区位因素"和"旅游资源的开发条件评价"等相关知识点，确定了"旅游开发"这个主题。经过反复讨论，设计了以"福州市上下杭旅游开发条件探究"为主题的项目化高中地理实践活动。在项目中，学生主要通过云调查、实地考察和社会调查等实践形式来获取信息和数据，并通过进一步整理和分析，对上下杭旅游开发的条件进行探析，最后提供不同形式的成果，以此来为福州市上下杭的合理开发和规划建设贡献一份力量。

2. 目标设计

项目围绕地理学科核心素养，确立了以下学习目标。

（1）能够搜集有效信息，从空间格局角度对福州市上下杭历史文化街区的自然环境和社会经济状况等区域性特征进行分析。

（2）能够从地方综合角度，结合当地自然因素、社会经济因素等多个方面，对上下杭旅游开发条件的优势、弱势、机会和威胁因素进行综合分析。

（3）能够认识到自然地理环境和社会经济因素对旅游开发的影响，懂得因地制宜进行旅游开发的重要性。

（4）能够与他人合作，设计与实施云调查、社会调查和实地考察活动方案，收集到大量有效的信息、数据和资料，并且能进行有效的加工和处理。

3. 问题设计

围绕"区域旅游开发应注意考虑的因素"这一融合了区域认知、人地观念、综合思维和地理实践力的核心问题，结合具体情境，教师首先将其转换为更能吸引学生的驱动性问题："福州市政府斥资 24 亿元收购原先破败的上下杭街区，街区经过修复改造后焕然一新，市文化和旅游局将其作为古厝风景之旅的精品线路主推。我们能否帮助政府，将上下杭历史文化街区的旅游条件充分挖掘出来，促进其旅游业发展，使其成为台江区乃至整个福州市新的经济增长点呢？"

4. 项目规划

本项目的各个阶段及其对应任务、地点、所需工具和资源、教师支架规划安排见表 1。

表 1　项目规划表

阶段	开展形式与地点	任务	所需工具和资源	教师支架
第一阶段（1课时）	课上，室内	入项活动	多媒体、学案	多种媒介呈现，引导学生入项
		规划方案	教科书、教辅资料及其他参考书	引导学生制定合理的实践活动方案
第二阶段（4周）	课下，上下杭街区、室内	活动探究	手机、电脑、网络、班级标识、水、食品	提供信息和数据搜集方法；问卷编制，访谈提纲编写指导；户外考察注意事项培训
		作品制作	电脑、网络和办公软件	信息和数据统计与分析培训；项目成果制作指导
第三阶段（1课时）	课上，室内	展示交流	多媒体、展板或展架	引导学生相互借鉴，取长补短
		总结评价	多媒体、网络	引导学生认识自己的不足，并积极完善个人成果

该项目的过程性评价设计侧重于学生在项目中的参与意识、合作表现和行动能力等方面，终结性评价侧重于学生对地理核心概念、知识的理解和掌握情况，以及"区域认知""综合思维"和"人地协调观"素养在项目成果中的体现。

（二）项目实施

项目实施包括从教师向学生提出问题到学生形成成果直至问题解决的全过程，主要有入项活动、规划方案、活动探究和作品制作四个步骤（图3）。在上述过程中，学生是探究和实操的实践者，教师是指导和支持的引导者与管理者。

1. 入项活动

（1）呈现问题情境。

教师借助多媒体工具，以视频、图片等多种媒介形式呈现问题情境：明

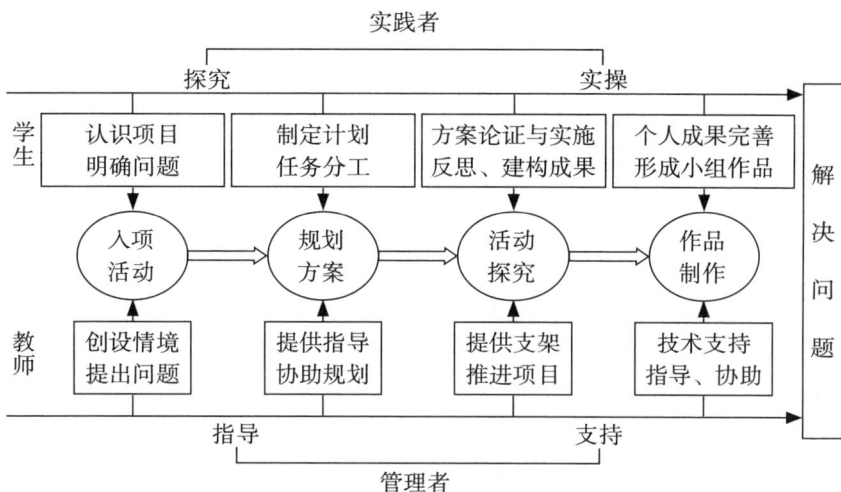

图3 项目化学习的高中地理实践活动实施流程

清时期，上下杭水陆交通便利，加之人口增长，该地区商业迅速发展，一度成为福州市的商业中心。近现代以来，随着泥沙不断淤积，上下杭地区原有河道航运功能丧失，加之铁路、公路、航空等现代交通方式快速发展，福州市开发重点北移，上下杭街区逐渐没落成了一片旧屋区。2014年，福州市投资约24亿开展上下杭街区保护修复工程。经过修复改造后的上下杭历史文化街区于2018年9月30日正式开街。如今，上下杭历史文化街区焕然一新，虽然其商业中心地位与中亭街、东街口等地远不能比，但能否借助其独特的历史和文化价值，通过旅游开发，再次实现兴盛呢？我们能否帮助政府，将上下杭历史文化街区的旅游条件充分挖掘出来，促进其旅游业发展，使其成为台江区乃至整个福州市新的经济增长点呢？

（2）解构驱动性问题。

教师引导学生聚焦"旅游开发条件包括哪些内容""从哪些方面能够全面展示这些内容"等问题，引入优势、劣势、机遇和挑战（即SWOT）分析法，引导学生从旅游开发条件分析，对该区地理位置、交通条件、基础设施和客源情况进行调查，对该区历史和文化价值进行探析，同时还需结合国家战略、政府相关政策，以及周边景点的组合情况等进行综合考量。

2. 规划方案

教师将全班 47 名学生按照"组间同质，组内异质"的原则分为四组，每组约 12 人。各组就其选择的项目成果形式规划实践方案，即明确通过什么样的实践活动获取哪些有用的信息，从而完成项目成果制作。在教师的指导下，学生完成实践活动方案规划（表 2）。

表 2　学生实践活动方案规划

项目活动	活动内容	地点	时长
上下杭旅游开发条件云调查	收集关于上下杭的图书、论文、概述和政策等资料	学校图书馆、家里	1 周
上下杭旅游开发条件实地考察	考察上下杭的基础设施、建筑古迹和交通条件等	上下杭历史文化街区内	2 周
上下杭旅游开发条件社会调查	调查上下杭游客、商户和工作人员	上下杭历史文化街区内	2 周

3. 活动探究

（1）上下杭旅游开发条件云调查。

学生在课余时间利用互联网搜集关于上下杭旅游开发条件的相关资讯，这一活动一方面可以让学生对问题情境有更清晰和完整的认识，另一方面可以帮助学生初步构建思维框架，为后续实践活动方案的设计与实施提供参考。

各组经过为期一周的网络资料搜寻，共搜集到以下阶段性成果：关于上下杭的百科读物、政策性文件、电子图书和期刊论文等。各小组将收集到的资料进行整理分类，编入相应文件夹中，汇总为资料包并上传至班级 QQ 群中，形成班级共享资源。

（2）上下杭旅游开发条件实地考察。

上下杭旅游开发条件的实地考察需用时两周，分三个阶段进行。第一阶段为学生对调查内容、任务分配、物资和任务卡等内容进行规划。第二个阶段为学生对上下杭进行实地考察，时间是周末，耗时一天。考察内容包括对网上收集到的资料进行拍照、录像和文字记录取证，并从发掘优势、劣势、机遇和挑战的角度考察上下杭周边的交通条件、基础设施等区内情况。第三个阶段是对之前收集的资料进行整理和汇总，对发现的新问题及时研讨和解决，并及时总结活动经验，为下一阶段的社会调查提供参考。

对上下杭历史文化街区进行实地考察后，各小组汇总了关于上下杭建筑、景观、交通条件和基础设施等方面的考察资料。

（3）上下杭旅游开发条件社会调查。

上下杭旅游开发条件的社会调查需用时两周，分三个阶段进行。第一阶段为编制问卷、设计访谈提纲。为了更加准确地获取所需信息，师生共同研讨后分别制定了针对游客、商户和游客接待中心工作人员的不同调查问卷和访谈提纲。对游客的调查主要是为了获取上下杭客源市场、知名度、游客满意度和通勤时间等相关情况；对商户的调查侧重于上下杭的基础设施条件、客流分布时间和经营情况等方面；对接待中心工作人员的访谈主要围绕上下杭游客数量统计、规划发展、投诉和建议等情况进行。第二阶段为实践行动，利用周末时间，耗时一天。各小组分别对游客、商户和接待中心工作人员进行调查。第三阶段为统计和分析，在社会调查结束后，学生整理回收问卷、访谈笔记及录音，教师及时指导学生运用统计软件对问卷进行初步统计和分析。为了使调查结果更为科学准确，各小组将调查数据共享，并互相交流各组的访谈情况。

4. 作品制作

学生利用课余时间，将这段时间内通过实践所获得的数据、资料等内容以及整理和分析后形成的结论，选择本组认为适宜解决驱动性问题的成果形式，利用办公软件制作出来。经过为期一周的制作和完善，各小组呈交了"小论文""调查报告""宣传手册"和"宣传PPT"等成果，内容包括上下杭历史文化街区开发的优势、劣势、机遇和挑战以及相应的对策建议。

（三）项目成果交流与总结

利用课堂教学时间完成成果交流展示，耗时1课时。各小组代表依次陈述研究过程、阶段性成果和项目最终成果等内容。教师、学生与公众分别对各小组成果展示情况进行评价，最后由教师将各部分成绩按照一定比例统计并公布。

二、基于项目化学习的高中地理实践活动实施效果与反思

（一）实施效果

1. 学生地理实践力得到有效锻炼和提升

此次基于项目化学习的高中地理实践活动贴近学生的生活，同时富有挑战性，增强了学生参与实践探究的积极性。在项目探究中，学生具备充足的探究时间和有效的教师指导，利用网络搜索、实地考察和问卷调查等多种途径获取信息或数据。参与实践活动的实验班学生在参与积极性、合作意识、网络搜集和处理相关信息、设计与实施实践活动方案、对工具的选择和使用等方面得分均高于对照班学生。并且在面对问题和困难时，实验班的学生更倾向于主动反思和合作解决。由此可以发现，基于项目化学习的高中地理实践活动更能发挥学生的行动能力，培养其意志品质。

2. 有助于培养学生的区域认知、综合思维

本项目主题选自学生身边的社会问题情境，学生可以通过识记、巩固地理核心知识和跨学科知识奠定问题解决的基础，进而设计与实施地理实践活动，并创造性解决真实的社会问题。在这个过程中，学生运用观察、调查等方法收集所处地区的相关信息，有助于深入了解区域性特征并学会以区域为视角思考问题。通过进一步将上述信息分类处理和综合分析，学生可以从地方综合和要素综合方面着手形成解决问题的方案。

3. 有助于学生形成人地协调观念

在项目探究中，学生学习的材料不再局限于教材、学案和教辅资料。学生通过实地考察、问卷调查等多种途径亲历社会情境，采用一系列研究方法和技术手段开展研究，形成用以解决社会问题的成果，并在相关学者和教师的指导下不断完善。这样的实践经历能够使学生深刻地认识到因地制宜进行旅游开发的重要性，并从环境保护、可持续发展的角度去思考、规划问题，进而促进学生人地协调观念的形成。

（二）实施反思

1.提早规划、多方合作，减轻任务

项目设计需要教师从多个方面、多个角度进行思考，综合考量后确立项目主题，设计驱动性问题，制定教学目标，进而规划项目进程，是一个工作量较大的任务。教师应提前做好规划，如对当地的乡土地理问题、新闻报道有意识地进行整理，形成项目资源库；也可以借助集体的力量，寻求教研组的帮助或咨询项目化学习工作坊。

2.灵活安排、合理穿插，节省时间

本项目的时间跨度超过了一个月，这对于高中阶段紧凑的学习计划和有限的课余时间来说，显得有些耗时、费力。如果学生事先没有做好任务分工或遇到一些不可抗的因素，项目的时间还可能进一步延长。

教师可利用研究性学习、校本课程等活动将项目任务穿插其中，也可将其与教学进度相结合。另外，学校举行的大型活动如科技节、艺术节等也是很好的项目展示和交流平台，教师可以结合当地学校的实际情况，因地制宜地弹性安排。

3.全程规划、多方协调，确保安全

项目探究给了学生更多的思考和动手空间，同时也增加了教学中的不确定因素，对教师随机应变能力和教学机智的要求也会增高。另外，基于项目化学习的高中地理实践活动中包括一定时间的户外实践活动，学生面临的未知因素和突发状况也会增多。

教师需对项目实施的室内和户外每一阶段可能遇到的问题进行预设，并做好相应的预案，以确保项目有条不紊地推进。另外，如果能获得学校、家长和社会等多方的支持，为各小组配备安全员，可有效降低学生在户外环境中开展实践活动的风险。

在基于项目化学习的高中地理实践活动中，学生通过自行设计活动方案、动手收集和处理信息，形成解决驱动性问题的成果。在这个过程中，学生对地理核心知识、概念的理解更深入了，地理实践力得到发展，并能够在新情境中拓展迁移、创造性应用。这对学生行动能力的提升，意志、品质和创新精神的培养具有重要意义，是落实学生地理学科核心素养培育的一条有效途径，值得我们去尝试和探讨。

参考文献：

［1］龙泉.地理学科育人价值及其教学实现策略研究［D］.武汉：华中师范大学，2017.

［2］夏雪梅.项目化学习设计：学习素养视角下的国际与本土实践［M］.北京：教育科学

　　出版社，2018.

第二节　项目式学习的跨学科实施策略

以项目式学习促学生高阶思维发展

——"宝贝市集"探究项目的设计与实施

梁伟虹[①]　熊应龙[②]

高阶思维是发生在较高认知水平层次上的心智活动或较高层次的认知能力，主要由问题求解、决策、批判性思维、创造性思维这些能力构成。为促进学生高阶思维能力的发展，我们对学校的数学课程进行整理分析，确立"以数学综合性课程为载体，以项目式学习的方式实施"的原则，让学生运用已有的知识和经验，分析问题、解决问题，形成良好的学科核心素养和高阶思维能力。在数学探究课程中，"宝贝市集"则是集中了各学科知识的一个探究性学习项目。

一、项目式学习：聚焦高阶思维的体系建构

2001 年教育部颁布的《基础教育课程改革纲要（试行）》中明确提出，课程改革必须"体现课程结构的均衡性、综合性和选择性"。学校所倡导的项目式学习，是以综合性课程的具体内容及理论为依据的。综合性课程下的项目式学习模式有利于激发学生的深层动机，有利于促进学生的切身体验与高阶思维，有利于促进学生的深度理解与实践创新。

项目式学习涉及的核心是帮助学生有效地达成课程标准中提出的要求以及学生应具备的适应未来学习所需要的核心素养。我校"宝贝市集"项目式学习就是以课程标准为核心进行目标、内容、实施方式和评估方式的构思设

---

① 梁伟虹，四川省成都市娇子小学教师。

② 熊应龙，四川省成都市娇子小学教师。

计的（图1）。

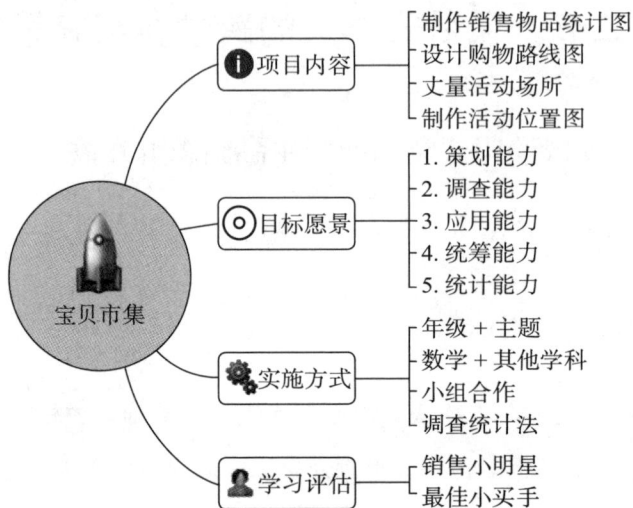

图 1 "宝贝市集"项目式学习设计框架

1. 学习目标

让学生历经调查、计算、推理、策划、实践、反思的过程，培养学生的策划、调查和统筹能力，并让学生在实践中应用各年级所学的数学知识。

2. 学习内容

以数学学科为主体，融合其他多个学科开展。数学以"制作销售物品统计图""设计购物路线图""丈量活动场地""制作活动位置图"四个项目推进。语文、美术、道德与法治等学科则围绕项目主题，结合学科特点从营销的文字策划、图案策划、参与营销活动过程中的良好品格入手，开展自主规范性和创生性的学习。

3. 实施方式及学习评估

学习分为前、中、后三个阶段进行，每个阶段均采用五个原则实施推进：年级固定主题、数学+其他学科、小组合作学习、调查研究、实践操作。学习结束后，以学生为主体进行学习评估，总结自己的收获，进行"销售小明星""最佳小买手"表彰，进行资料整理、反思与改进。

二、"宝贝市集"项目：多学科协同下的实施路径

"宝贝市集"项目式学习内容选择贴近学生的实际购物活动，有利于学生体验与理解、思考与探索。整个"宝贝市集"项目式学习分为准备、实施、反思三个阶段（图2）。

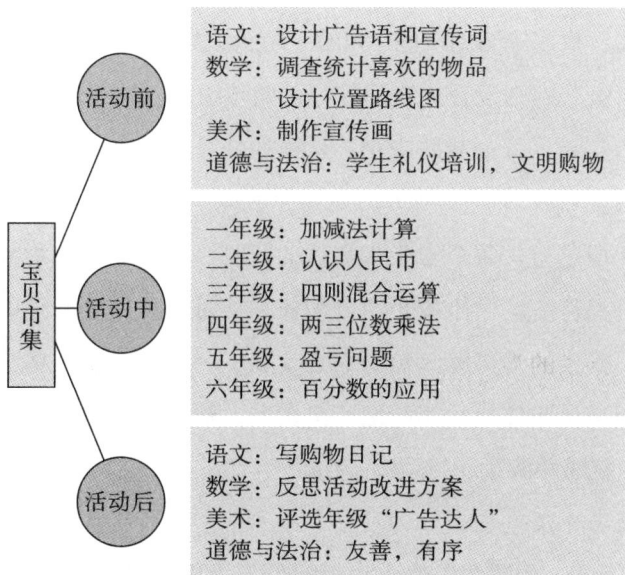

活动前
语文：设计广告语和宣传词
数学：调查统计喜欢的物品
　　　设计位置路线图
美术：制作宣传画
道德与法治：学生礼仪培训，文明购物

活动中
一年级：加减法计算
二年级：认识人民币
三年级：四则混合运算
四年级：两三位数乘法
五年级：盈亏问题
六年级：百分数的应用

活动后
语文：写购物日记
数学：反思活动改进方案
美术：评选年级"广告达人"
道德与法治：友善，有序

宝贝市集

图2　"宝贝市集"活动流程和内容整合图

1.前期准备阶段

前期准备阶段体现了多学科的整合。数学学科根据每个年级的学习内容，让学生承担相应的任务：四年级学生扮演市场调查员，利用统计学知识和柱状图分析方法，负责"同学最喜爱的宝贝"调查工作；五年级学生扮演路线设计师，利用统计学和路线图知识进行活动路线的规划；六年级学生扮演场地设计师，利用测量、面积计算知识进行操场面积测量，规划各年级活动场地。这样的安排能够重点培养学生的策划意识、应用意识和统筹能力。语文教师组织学生设计广告语和宣传词，如让六年级学生写海报宣传语，让四年级学生写广播稿等。道德与法治课教师则提前对各年级学生进行有序摆放商品、有序排队、有序购物、有序整理等礼仪、品德教育；"市集"是面向全校

六个年级开放的，在购物过程中如何做到友善对待他人也是教育的一个重点。美术教师带领学生设计宣传海报，早早地在学校操场、大厅展览，营造"市集"的热闹氛围。

2. 中期实施阶段

在实施阶段，教师结合数学学科内的各年级知识给学生布置任务。一年级：通过购买、找钱等活动巩固 20 以内的加减法；二年级：计算买入、卖出的总价；三年级：四则混合运算的练习；四年级：两三位数的乘法；五年级：盈亏问题；六年级：百分数的应用。这样的任务让学生充分感受到数学与生活的密切联系。

活动分年段进行，每个学生带自己的玩具、书籍或其他物品，并标上班级、姓名和价格待售。学生按小组分配任务，每个班一半的小组先充当售货员出售货物，其余的为买家，40 分钟后交换，另一半小组当售货员出售自己的货物。小组成员集体行动实行组长负责制。购物后，组织学生召开购物分享会，评选"优秀小买手""销售小明星"。

3. 后期反思阶段

总结反思阶段，以表彰优秀学生、整理资料和反思活动为主。班级组织学生对自己所参与的整个项目活动的前、中、后各环节进行反思，一方面有利于下一次活动的有效开展，另一方面让学生在评价自己行为的过程中提高反思能力。

以四年级为例，教师将学生的反思分为回顾活动、提炼问题、讨论改进措施、修改调查表或调查方案四个环节，有目的地培养学生的审辩思维和反思能力。采用小组合作的方式讨论、研究项目，有利于让学生投入到分析、比较、概括、问题求解、调研、实验和创造等系列学习活动中去。

三、聚焦"高阶思维的项目式学习"培育的三大思维

1. 实践思维

"宝贝市集"项目式学习活动，让学生在真实的情境中体验方案策划、调查分析、实践论证、反思改进等。学生参与学习的过程不再是对书本知识的

机械认知，而是在丰富的、充分的实践中获取知识、提升能力。

2. 创新思维

"宝贝市集"项目式学习分为前、中、后三个阶段，在前、后两个阶段突出体现对学生创新思维的培养：活动前期，学生基于调查结果，对活动场地和方案进行创新性设计规划；活动后期，反思整个活动中的亮点与问题，对下一次活动进行改进和再设计。在此期间，学生创新性地去反思、发现和解决问题，创新思维的培养贯穿始终。

3. 整体思维

"宝贝市集"项目式学习着力培育学生"核心—外围"的整体思维。即在活动的实施过程中以数学学科为核心，以其他学科为外围；以培养学生策划、质疑、分析、创新的高阶思维为核心，以学生经历从调查到策划、从实践到反思的整个过程为外围。注重项目式学习的整体性规划，体现对学生整体思维的培养。

"一站一成都"

——四川省成都市东光实验小学项目式学习案例分析

杨　莉[①]　姜雪燕[②]　王　慧[③]

"一站一成都"是在学校课题"聚焦学生核心素养的双轨道课程建设实践研究"指引下构建的项目式学习。它着眼于成都地铁每一个站台的不同设计，综合了语言、文化和艺术等多方面知识，是来源于生活的实作类项目式学习。

一、项目产生——从主题到项目进行倒推

本项目的产生经历了从方向到主题再到项目，不断往回追溯的倒推过程。

（一）方向：办学理念与"天府文化"相遇

"东方精神，世界眼光"是我校的办学理念，旨在回归中国传统，传承民族精神，打开国际视野，融合世界文化。因此，我们一直在寻找能够承载家乡本土文化、民族传统文化和世界优秀文化的载体。"天府之国"作为古丝绸之路的重要枢纽，现今"一带一路"的重要区域，其两汉文化、三国文化、唐宋诗词、川剧艺术、抗战文化等都十分出彩。其浓墨重彩的文化底蕴和时代气息坚定了我们寻求文化理解的方向。

（二）主题：文化理解与创意表达碰撞

如何将对"天府文化"的理解变得更加具体？结合学校的课程定位，我们将文化理解聚焦在"学生对文化的多重体验和创意表达"上，让学生在充分、自主的文化体验的基础上，将自身对文化的理解进行个性化、创造性的表达。由此，从"理解天府文化"延伸到"创意表达成都文化"的主题上。

---

①　杨莉，四川省成都市东光实验小学校长。

②　姜雪燕，四川省成都市东光实验小学副校长。

③　王慧，四川省成都市东光实验小学发展室副主任。

（三）项目：项目主题与学生生活邂逅

成都市的地铁6号线即将沿着居民生活小区行驶，这引发了我们对地铁线路的关注。大多数学生都有乘坐地铁的经历，仔细观察会发现地铁入口、站台的墙体、柱子、地面和房顶等别具匠心的设计，这些设计与站点的历史和特色紧密相关。像这样的地铁站台有很多，"红牌楼""高升桥""一品天下"……地铁是城市的一张名片，是城市文化的另一种表现形式，也是人们生活的重要部分。为了让学生进一步读懂成都、了解家乡，研究隐藏在成都地下的四通八达的地铁文化是一个新颖的视角，一个独特的切入点。因此，我们确立了"一站一成都——为成都地铁站点进行站台文化设计"的项目。

二、项目设计——以终为始全面规划

项目开始之前，我们就对项目的最终结果和中间过程进行了充分设想，采用以终为始的方法规划项目。这是项目能否有效实施的前提保障。

（一）整体设想

"为成都地铁站点进行站台文化设计"是一个具有挑战性的真实问题，最终呈现的是学生为成都某一地铁站点进行的文化设计作品，包括详细的设计文稿、简单的局部设计模型。学生需要经历现场调查、查阅文献、收集资料、访谈相关人员、分析研究、创造性设计、动手制作、修改美化等一系列活动，解决一系列相互关联的问题，最终呈现一个设计作品。

（二）项目范围

确定项目范围是在对项目最终结果和中间过程有了初步设想后，对项目进行的更为完整的整体规划（表1）。

表1 "一站一成都"项目整体规划表

项目历时	1个月
涉及范围	一个主题：站台文化设计 多个学科：语文、美术、社会 多项课程标准的要求：口头表述、团队合作、系统思考、产生创意
技术使用	学习技术：调查、采访、查阅、收集整理、归类总结 网络技术：移动终端、微信公众号
活动范围	校外（各地铁线路）、课堂、图书室
合作伙伴	自由组合的本班同学；语文、美术两位教师；专业人士
成果观摩者	本班同学和全校同学、部分教师、家长群体及更广泛的公众号关注群体

（三）项目分解

分解项目的过程要经历三步：第一步，根据项目任务确定主要问题；第二步，分解完成项目任务可能存在的困难，形成子问题；第三步，对应子问题确定子任务，形成任务串（图1）。

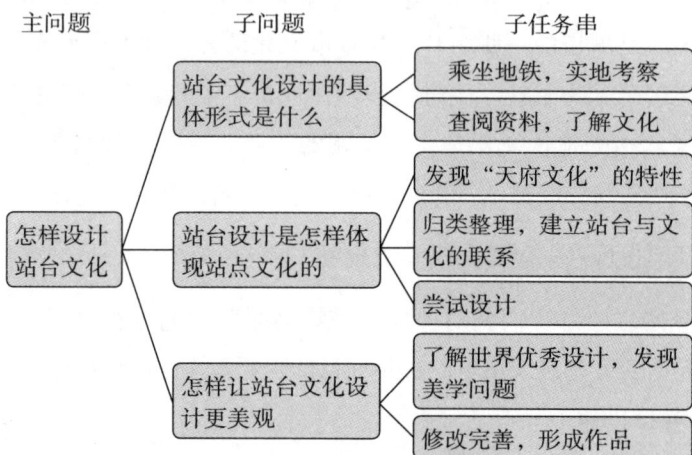

图1　"一站一成都"项目分解图

（四）项目架构

根据分解形成的任务串，设计项目式学习的流程、模块、主要内容，体现学习过程的真实性、探究性、实践性。

此项目的核心目标为：引导学生认识与理解家乡文化，促进创意表达。涉及的核心知识有：地铁站台设计与站点代表性文化之间建立关系的方式；地铁站台文化设计的基本方法和要素；成都部分站点的历史文化和时代特色。

此项目的核心问题为：站台设计是如何体现站点历史和时代代表性文化的？学习模块包括三部分。

第一模块：整体感知（课外学习两周，课堂2课时）。主要任务为：了解地铁的产生、发展和成都地铁线路；感受地铁站台一般是如何设计的；了解成都著名地点的历史文化和时代特色；初步感受站台设计和站点文化之间存在的联系。主要活动涉及：查阅、分享资料，了解地铁有关知识，做小报；查阅、分享资料，填写表格，比较深入地了解站点的代表性文化；乘坐地铁，实地考察，用相机记录成都地铁站台设计；课堂分享，将成都文化归类为历史文化、时代风貌、本土特色。

第二模块：深度建构（课外学习一周，课堂2课时）。主要任务为：研究站台设计的要素和方法，比较深刻地理解站台设计是如何体现站点文化的。主要活动包括：阅读成都地铁站台和站点的大量图片、文字资料，小组讨论，从内容、形式、地点三个方面发现和总结站台设计与站点文化之间的联系；采访专业人士，进一步强化对"天府文化"和文化设计的认识；阅读国内外优秀站台设计的图片和视频资料，从美学角度感知设计要领；小组尝试设计，以设计方案的方式简单地图文表达小组的设计创意等。

第三模块：实践创作（课外学习一周，课堂2课时）。主要任务为：修改创意，完善文字和图画的设计方案，制作模型。主要活动有：修改完善小组创意，完成详细的设计文稿；在美术教师指导下，完成设计图画稿，并制作模型；展示点评。

三、项目实施——基于理解的深度学习

精心设计项目，使学习过程符合学生认识事物、解决问题的基本认知过程，有利于学生深度理解和建构知识体系。

（一）明确挑战，角色体验

教师明确提出完成"成都地铁站台文化设计"的任务。任务设定具有一定的挑战性，又真实可行，以问题驱动，赋予学生"设计师"的社会角色，让学生在体验角色价值的过程中，激发深层参与的动机和兴趣。

（二）整体建构，综合学习

站台设计涉及内容、地点、形式的选择，语言、文化、美术等学科的交叉融合，以及调查、访谈、设计、绘制、表达等多种学习活动，因此在综合性学习过程中需要整体建构学生对文化和设计的理解。

（三）提供帮助，发展思维

项目学习重视学生的发现、参与，指向学生整体思维、实践思维和创新思维的发展。在高定位的同时，采用丰富的资源包，通过组织系列切实的活

动支持学生的思维发展。

四、项目评价

（一）评价的两个方面

一方面是对学生的创意进行评价，另一方面是对学生提供的方案和模型进行评价。显然，对创意的评价是主要方面。对小学生来说，撰写详细的文字方案有困难，绘制精致美观的设计图更有难度。本项目的最终目的是让学生理解成都站点的历史文化、时代风貌、本土特色，并在站台这样一个特定的范围内设计一些元素来表达自己对代表性文化的理解，包括对代表性元素的准确挖掘，结合站点文化产生比较新颖的设计点子。因此，评价主要是对"idea"的评价，而不是对学生绘画水平、文字方案的评价（表2）。

表2 "一站一成都"站台文化设计现场评分卡

作品名	文化元素准确（4分）	构想有新意（4分）	方案表述（2分）	合计（10分）
1.				
2.				
3.				
4.				
5.				

（二）评价的两个阶段

现场评价阶段：第二模块结束后，对学生形成的简单方案进行现场打分和点评，尤其侧重对创意和构想的评价。

后期评价阶段：第三模块结束后，学生在语文教师和美术教师的指导下，对文字方案和模型进行完善，并通过全校展出、公众号推送等方式进行展示。

（三）评价的三种方式

评价主要有三种方式：部分教师和专业人士的现场打分和点评、部分作品的全校展示、在学校微信公众号推送优秀作品，投票选出"最佳创意"。

项目统整视野下班本课程的美第奇效应

——以三年级班本课程"奔跑吧，小鸡"为例

陈　益 [①]

一、基于研究主题的班本课程

班本课程最基本的特点就是基于自己的班，发生于自己的班，服务于自己的班。班本课程是与班集体共生互融的课程。

在常州市武进区星河实验小学教师的心中，真正的课程不仅发生在学校，也发生在班级，而且班级更有必要也更有条件创建属于自己的课程。班本课程的研修有利于提高教师设计开发的能力，能够调动教师课程实施的积极性。星河实验小学班本课程秉承创新理念，旨在培养学生面向未来的综合素质，提高学生的核心素养。在我们星河实验小学，一场自下而上的班本课程飓风急卷而来。这样一场飓风的价值和意义究竟何在呢？

（一）赋权，让课程的开发主体成为一个生态链

班级是一个生态系统。班本课程涉及班级中特定的人、事、物，即教师（多指班主任）、学生、家长和环境（多指班级环境）等多种因素，它们之间的关系构成了一个生态链。一个因素的状态不佳，就会影响相应的生态链功能的发挥。而班本课程的开启则是这条生态链课程开发的重要引擎。班本课程是自下而上生长起来的，这样一来，一个班级共同体中的所有学科教师、家长、学生都成了班本课程的开发主体，真正成为课程的实践者、课程的批判者和建构者，能充分发挥他们的自主性和创造性。

（二）契合，让课程的实施内容寻找一组交叉点

"美第奇效应"是社会上的一种现象，指当我们立足于不同领域、学科和

---

① 陈益，江苏省常州市武进区星河实验小学教师。

文化范畴之上且会产生相契合的焦点成为"交叉点",进而在交叉点上爆发出的非凡的创新思维。随着人类的进步,美第奇效应已经逐渐扩展到各大领域,在教育领域,美第奇效应为各科项目统整和实现个性化学习、主题式学习提供了有力的理论支撑。按照美第奇效应,在整个教育领域当中,多个科目存在"交叉点",寻找到合适的"交叉点"便能够打破各个学科之间的壁垒,真正实现学科之间的协同。

（三）统整,让课程的价值指向儿童

课程,是指学习进程。统整,是指将两种或两种以上相关事物联系在一起,简单地说,就是合并同类项。美第奇效应的本质是"开放""统筹""结合",这又与新时期人们的观念不谋而合。班本课程要以综合性为主,应对学科课程进行统整,增强学科与生活的融合,超越学科的综合性是班本课程的基本特征。综合,指开阔学生的视野,丰富学生的心智,引导学生在学科的交叉地带生成创造性思维,培养学生的创新精神。班本课程更具实践性。坚守实践性,是为了让学生在丰富多彩的实践活动中,在调查访问中,在动手操作中,在游戏中,在田野里,在社区中,在企业里,生长兴趣、爱好,培养特长,生成实践智慧。这样的课程无疑是非常受学生欢迎的,且更加贴近小学阶段的学生。

班本课程是学校课程体系中的一个部分、一种课程形态,是课程深化中教师的一种创造。班级文化情境凝聚着班级的文化愿景,体现了班级的文化认同,折射着班级师生的个性特点,最终形成班级风格。

二、基于项目学习方式的班本实践

项目化学习首先从问题开始,所有的创造都来源于问题。在学习的过程中,强调多种人员的合作,多种方式的组合与创造,还有多种资源的整合和利用,以及多元文化的融合。笔者以"奔跑吧,小鸡"为例,谈一谈基于项目化学习方式的班本课程的建构与实施。

（一）学科融通撬动课程群落

1.确定主题，源自生活中的问题

在项目化学习中，最关键的步骤是探索具有一定广度和深度的主题。我们征求学生的意见，让其选择自己认为有意义的话题，班主任负责收集统计。2017 年，丁酉年，一个崭新的鸡年。很多学生对鸡很感兴趣，开学第一天就围着我问这问那，于是，我和学生一起制定主题，用一个月的时间尝试建设班本课程，共同研究班本课程"奔跑吧，小鸡"。

2.贯通学科，打破学科间的壁垒

在教育领域，基于一定的制度支持，沟通各学科间存在的交叉点，便能够在打破学科间壁垒的同时，实现知识和方法的创新，产生新的知识，培养新的能力。学校集合品德、体育、语文、数学、英语等多学科，寻找各学科交叉点，梳理学生发展所需的核心素养，形成课程群落，关注、发展并尽可能挖掘每一个学生的兴趣点。有了课程群落的支持，班本课程的实施就有了相应的指导方向。"奔跑吧，小鸡"结合各门学科资源开展，学生们邀请数学、英语、体育、美术、科学等学科的教师走进课堂，共同研究。

3.头脑风暴，生发项目化的联结

围绕这个主题，我们进行思维导图的绘制，厘清可以研究的内容，然后邀请各科教师参与。具体内容如：语文学科中关于鸡的成语、俗语，数学学科中鸡兔同笼问题，英语学科中火鸡的来历，美术学科中的鸡蛋画，科学学科中的鸡蛋实验，等等。各科教师兴致高昂，通过系列头脑风暴，将学生感兴趣的点、自己的思路转化成可行的课堂实践。

（二）课程群落衍生项目化框架

在项目化学习的探究过程中，我们对四个问题有了更深入的认识：学习内容从碎片化向连贯性转变，学习方法从随机性向科学性转变，学习目标从基础性向创造性突破，学习成效从散点性到过程性的发展。我们认为，流程化的设计更重要的价值是便于固化操作环节，便于保持流程细节，便于教师进行教学，便于管理的跟进。在创造性表达的部分，我们关注的是多样性、差异性，关注联系与比较，关注发现与差异，同时还关注问题的探究和解决。经过学科教师间的协调，我们形成了完整的课程实施框架。"奔跑吧，小鸡"班本课程初步定为五周完成。

第一周主题为"鸡年画鸡"。结合升旗仪式微队课、语文、英语、音乐等学科，让学生走近鸡这种动物形象。具体内容：（1）和全校一起参加以"'鸡'极向上"为主题的教育微队课；（2）班级开展有关鸡的名言、俗语、谚语、古诗文、成语、对联、"五"德、风俗等学习和研讨，围绕主题开展各项游戏活动；（3）分享与"鸡"有关的生活中的小秘密及"打鸡血""鸡肋""鸡冠花"等常用词语的来源和意思；（4）"我做小厨师"，做一做有关鸡和蛋的美食，图文并茂分享；（5）了解英语方面有关火鸡和感恩节的知识；（6）音乐课上唱一唱有关鸡的歌谣，或者自己编唱。

第二周主题为"探索鸡科学"。在初步了解的基础上，向纵深行进，进一步探索鸡的种类、构造，禽流感，鸡蛋上浮实验，鸡兔同笼问题，等等。

第三周主题是"妙手制作"。游戏是吸引学生、将学习推向高潮的一种有效手段。这周，学生们绘画各种各样的鸡，用中国传统的笔墨书香来书写关于"鸡"的古诗、对联等，制作鸡毛毽，寻找动手的乐趣，感受鸡的浑身是宝。

第四周主题是"我做鸡妈妈"，感受生命的不易，渗透人文教育，关照孩子生命。学生进行为期三天的护蛋行动，每天写日记记录护蛋心得；结合三八妇女节，引导学生感受母亲怀胎十月的艰辛与不易，体会母爱，激发内心感受；最后形成习作，感恩亲情，植根孝心文化。

第五周主题是"小达人评选"。课程结束，教师根据学生表现，评选"最富创意小达人""最强大脑小达人""最佳口才小达人""最美达人团队"，学生就在这样的班本课程中找到了快乐，触发了激情。

（三）项目化菜单催生新的学科育人价值

班本课程是有内在结构的，要把学习的个体作为我们课程设计的出发点，同时体现出对创造性课程的本质理解。在项目化学习中，语文、数学、历史、科学、艺术等学科各司其职，有着自己独特的价值和担当。在项目化学习过程中，每位学科教师都不再固守自我的立场，而是站在儿童的立场来设计和践行，下面继续以"奔跑吧，小鸡"为例做相应阐述。

1. 跨学科的相融开启好奇与想象

在"奔跑吧，小鸡"主题活动中，通过把"小鸡"这一主题引入课堂中，既可以调动学生学习人文知识的积极性，又能够开发学生的创造力与想象力。如"鸡年话鸡"活动。"鸡年话鸡"活动的时间定在"奔跑吧，小鸡"班本课程方案的第一周，意在炒热气氛，调动学生的积极性。在语文课堂的前 3 分钟，组织学生进行与"鸡"这一话题有关的演讲活动，演讲主题应紧密贴合语文课程，如分享《猫和公鸡》《黄鼠狼与鸡》《猕猴与鸡》等寓言故事，或是讲述与鸡有关的成语，如"闻鸡起舞""鹤立鸡群"，讲述英语中"火鸡"的来历等。在演讲中，应当注意统筹其他学科，如请体育课代表讲述"闻鸡起舞"的故事激发学生奋发向上、积极锻炼的心态，从侧面带动体育课程的学习。学生是一个对世界充满着好奇心的个体，通过与鸡有关的演讲活动既能够调动学生的好奇心、启发学生的想象力，又能在不知不觉中令学生融入"奔跑吧，小鸡"这一主题，通过创建浓厚的"鸡文化"气氛激发整个班级探讨和学习鸡文化的兴趣——这就在不知不觉中，通过美第奇效应中的"交叉点"带动了整个班级的活跃气氛，从而推动其他学科的学习。

2. 超学科的相融唤起品格和品性

如"我做鸡妈妈"系列活动。应该说，现在许多学生都较为缺乏动手能力，护蛋活动开始前先发动学生研究与"小鸡"相关的生物学知识，再开始为期三天的护蛋活动，既能够锻炼学生的动手能力，又能够培养学生的感恩之心。语文这一学科是与生活结合最为紧密的学科之一，语文来源于生活又回归生活，通过"我做鸡妈妈"活动令学生感悟生活，学生通过对自身感悟的纪实既能够在不知不觉中培养写作能力，又能够进一步加深对"鸡文化"这一主题的学习，令"鸡气氛"更为浓烈。"我做鸡妈妈"系列活动预定为第四周，因为学生目前自主动手能力较差，一时间难以接受多个学科的知识，需要较长时间的培养和引导。

3. 本学科的相融涵泳智慧与文化

以围绕鸡文化的作文活动为例。通过先前的活动已经创造出了足够浓烈的气氛，下一步便是通过鸡文化的相关写作统整班本课程。这一作文过程为期三周完成，笔者认为可以将这一活动化为三个小过程，即主题讲读、主题阅读和主题作文。主题讲读活动是引导，以"读懂一篇好文章"为教学目标，通过讲解与鸡有关的生物学散文、音乐散文等培养学生的阅读理解能力，陶冶学生的情操，进一步深化"鸡文化"，统整各学科。主题阅读是对讲读的深入，通过让学生自主阅读与鸡文化有关的各学科作文，既关联了其他学科、调动了学生的兴趣，又在潜移默化中提高了学生的写作能力。以上两个部分预计活动时间为两周，最后一周则是主题作文部分——通过让学生自主写作来培养学生的写作能力，因"鸡文化"是源于生活的，通过"鸡文化"主题写作协调其他学科，从而真正达到启迪学生智慧、做到课程项目统整的目的。

三、基于朋辈合作的价值探寻

（一）让儿童站在中央，实现多角度无痕融合

儿童是一个个具有鲜活生命的人，儿童应该站在课程的正中央。在确定班本课程前，可以和学生共同商定，选择大家比较感兴趣的话题来实施。为此，在继"奔跑吧，小鸡"之后，我们又开展了项目化学习，引进课程导师等，将生活和学习有机结合起来。

发展一：小组共同体建设。小组共同体建设是当下的热门做法，众人拾柴火焰高，在以小组共同体为团队的基础上，学生经过思维的碰撞、语言的迸发、灵感的创生，让一次次讨论热火朝天，在你我交谈中，寻找最佳点。

发展二：师生共同体建设。师生平等的对话关系奠定了师生共同体建设的基础。在学生感兴趣的话题中，教师可有选择、有倾向性地去收集相关资料，进行前置性学习，在前置性学习中让自己不断充实，为开展下一轮班本课程做好准备。

发展三：家长共同体建设。家长是学校发展的有力支撑，拥有众多的资源，在班本课程的建设过程中，家长积极参与，利用"晨光爸爸""故事妈妈"的时间，选择合适内容不断充实大家的知识，形成合力。

（二）让素养站在圆心，实现多学科跨界协同

在应试教育向素质教育不断转变的过程中，教育工作者开始逐渐关注人的发展，不断培育人的综合素养，提升学科核心能力。班本课程更具综合性，基于主题的班本课程，实现了以学科为中心到以人为中心的转变。班本课程不是为国家课程服务，更不是为应试教育服务的。直白地说，它不应围绕应试科目来开发。学生有多种不同的学习方式，我们通过打破传统布局，打破多功能区间的划分，打破教师为主体、学生为客体的角色设定，甚至打破传统的评价方式，更多地鼓励团队合作进行过程性评价展示。

（三）让创想站在焦点，实现多思维统整渗透

学校教师从独立研究到协同合作，具有学科融合视野。创设班本课程后，我们还统一时间进行了班本课程的展示，各年级各班学生在校园展示区尽情享受班本课程的成果，涵盖各个学科。

一是基于标准，项目化学习需要考虑多学科知识的交叉与整合，只有这样才能够达到发展、提升学生综合素养的目的。

二是聚焦任务，角色转换，建立联系。项目化学习将课堂转移到了真实的情境和体验之中，在设计和实施这个项目的时候，我们会从一个真实的问题或一个真实的任务开始，让学生驱动问题，聚焦任务。

三是立足评价。在项目化学习的过程中如何评价学生，是我们一直在思考的问题。我们以互联网平台和数字化工具作为信息获取、交流沟通、成果呈现的方式，系统记录学生成长的学习经历，获得对学生真实的评价，激励学生在深度学习中不断自我反思、自我调整。

班本课程的结合，形成了班级特有的课程景象，进而形成丰富的班级文化气象。班里的每个学生都享受到幸福生活，在圆满完成学业的基础上，个人能力和综合素质都得到了实质性提升。开设美第奇效应视域下的班本课程，在不知不觉中，教师的观念也发生转变，开发班本课程已经成为教师和学生同活动、同成长、共欢乐的一场丰富多彩的聚会。学生收获的是长久的幸福感，班本课程的美第奇效应正逐渐蔓延开来！

"未来学校设计"项目式学习的师生实践

罗晓航[①]　吴舒意[②]　王冀艳[③]

一、基于核心素养的项目设计

我校的"未来学校设计"学习项目，以设计未来的学校模型为载体，旨在提升学生各方面的核心素养，特别是学会学习、实践创新和科学精神。在活动中，我们采用了小组合作的形式，希望培养学生的责任担当意识，鼓励学生成为灵动自信的"盐小创客"。

在以"未来学校设计"为主题的项目式学习课程设计中，我们整合了部分课程内容，例如，在第 3 单元"丁丁冬冬学识字（一）"中，教会学生认识北京的一些典型建筑，激发学生对首都北京的热爱之情和对建筑的好奇心；在第 5 单元"好奇"及第 11 单元"努力"中，通过调动学生的好奇心，引导他们探寻玩耍中的设计原理，引导他们以积极、乐观的态度对待各种挑战。

我们把整个项目式学习分为引入课题、知识储备、设计制作、成品修正及展示分享几个部分，由语文、科学、信息技术、英语和美术等多学科教师共同参与，帮助学生完成完整的项目式学习过程。

二、指向深度学习的项目执行

第一步，教师通过一些基础性的学习了解学生最感兴趣的点，例如，"说说喜欢哪些建筑，并且说出喜欢的理由"。同时，学生通过学习课文《平房和楼房》，了解一些有关建筑的基本知识。

第二步，画"未来学校设计图"。学生小组合作制作未来学校的草图，在

---

①　罗晓航，四川省成都市盐道街小学教育集团总校长。

②　吴舒意，四川省成都市盐道街小学盐道校区教科室主任。

③　王冀艳，四川省成都市盐道街小学盐道校区副教导主任。

制作过程中，各学科的教师要进行必要的引导：①重视引导学生进行材料的选择；②重视引导学生体会设计中的科学原理；③重视引导学生欣赏精美的学校设计，设计和制作中要有审美的意识等。

第三步，学生经过自创、评选、讨论，选出一致认可的"未来学校"的图纸，然后进行分工。各小组分工："材料家"（负责准备材料），"摄影人"（负责在讨论、制作时拍照，保存过程性资料），"海报手"（负责制作海报），"推送家"（负责模型推广、宣传），每个组员都是"制作家"，一起动手制作"未来学校"的模型。在活动中，每个小组都要记录并呈现问题及其解决方案，加强了小组成员间的沟通与配合。

第四步，制作完成后进行班级展示——举办一次"未来学校展览会"。学生以小组汇报交流的形式呈现小组协作设计的未来学校设计稿或成品模型。同学之间互相启发、交流、建议，通过互动，使一些突出问题得以呈现并解决，提升了学生发现问题、解决问题的能力。

第五步，科学教师进一步引导学生了解设计中涉及的科学原理，培养学生初步的科学素养。学生根据同学的建议和科学教师的指导，打开设计思路，修改自己的设计或制作，并在美术教师指导下，完善自己的作品，使自己的"未来学校"既精美又富有科技感。

三、促进多元发展的项目评价

（一）项目评价体现"三多"

1. 评价主体多元化

在项目活动中，教师不再是评价的唯一主体，参与评价的还有学生、家长、专家和第三方。在"未来学校设计"项目中，有学生对项目的自评和互评，有家长对学生探究的过程性评价，有教师对学生协作的形成性评价，有专家对学生作品的专业点评，还有第三方参与活动的来宾对学生的现场展示的点评。

2. 评价标准多元化

项目评价不采用"一刀切"的形式，而是对学生在学习过程中的各方面表现进行评价。在"未来学校设计"项目中，我们评出了"最佳设计奖""最佳动力奖""最佳展示奖""最佳人气奖"等，其中"最佳设计奖"和"最佳动力奖"由知名公司设计师点评，其他奖项由其他活动参与者点评，此举既鼓励了学生的创造力、想象力，又引导学生将创造、想象与现实结合起来。

3. 评价方式多元化

在项目评价中，注重形成性评价，对学生的学习过程予以评价；在项目总结阶段多以展示活动进行，以表现性评价为主。

（二）以评价促教师理念更新

为使课程得到不断改进和完善，提升教师的课程评价能力十分重要，这就要求教师要通过对课程的感知、反思、批判和改进，引导自身在课程实践中创造和实现课程价值，不断增强课程对学生核心素养培养的作用。在项目推进过程中，我们重点提升教师以下几个方面的能力：情境感知力、价值引导力、反思批判力、筹划改进力。

1. 形成性评价促进教师对项目过程的引导

教师对项目过程的引导体现在：创设生动的课程情境展开活动，通过回顾、诊断、监控和调试，不断开展反思和批判，调节原有课程理解和课程行动，进而形成新的课程理念，筹划新的课程实践方案。这些行为的外显形式之一就是对学生进行形成性评价。

2. 表现性评价促进教师对学生个体差异的正视

教师在对学生的项目完成情况进行评价时一般采取表现性评价，而不采用诊断性评价。可以用量规来评估学生的学术词汇掌握情况、解决问题能力、合作和沟通能力等。

四、形成持续建构的项目反思

"未来学校设计"项目给整个学校的教育教学都带来了巨大的变化，项目式学习不仅促成了教师专业素养的提升、团队的发展，也提升了学生的核心素养，使学生形成了持续建构的项目反思。

（一）教师的专业成长

盐小的教师是一个执行力很强的团队，但在第一次"尝鲜"时，大家感到很迷茫：项目的主题是什么？如何实施？如何评价？这一系列的问题困扰着我们。于是项目组开展了"头脑风暴"与学习研讨，进行资源的搜集和整合，找到了一些实施项目式学习的灵感。

第一，学习与借鉴国内外项目式学习先行地区的经验是帮助我们打开思路的好方法。

第二，通过前期的调查，我们发现学生想参与的项目大多是源于生活的真实问题，低学段学生对校园生活这一板块特别感兴趣，于是我们将项目主题划定在"未来学校"范围，再找到主题与各学科的契合点，最终确定项目主题。

第三，进行项目分工，"未来学校设计"项目的顺利实施不是单一学科或教师能够完成的，它涉及语文、数学、英语、美术、科学、信息技术等多种学科知识，因此需要基于项目内容进行学科分工。我们的教师因长期从事单科的专一教学，跨学科意识不够强，为了让项目顺利实施，多学科教师的指导团队应运而生，教师团队在项目实施中基于项目共同发挥效力，教师的跨学科意识和能力都得到了提高。

短短一年的研究，我们在"实践—反思—再实践—再反思"的过程中不断厘清对项目式学习概念的认识，不断修改、完善项目的设计、实施、评价方法，一次次找出问题，并找到解决问题的方法。在此过程中，项目式学习在盐小生根发芽，教师的专业素养也得到了突破性的发展。

（二）学生核心素养的发展

"未来学校设计"项目一经推出，立即得到学生的热烈响应，并取得了很好的效果。设计"未来学校"贴近学生的生活，符合他们的心理特征，相较于传统的课堂教学方式，项目式学习更容易让学生享受学习的过程，所以他们喜欢学、愿意学。当学生的兴趣被调动起来，一切学习问题就迎刃而解了。平时被动的学习状态瞬间转换了频道，学生变得愿意主动学习和探究知识了。

在整个项目式学习的过程中，学生通过实践，最终生成作品，项目引领学生经历"质疑—想象—设计—创造—测试—改进"的完整学习过程，在此过程中学生实现了对新知识的主动建构。这种知识的建构是通过学生在解决问题的过程中不断对问题进行研究、选择信息、分析信息、合成信息，并将新获得的信息与以前所学的知识联系起来所得。因此在我们看来，基于项目的学习不仅有利于学生在学习时进行知识建构，更有利于学生在实践中进行知识综合运用，从而促进其深度学习。

在项目式学习中，学生培养了科学探究精神、自主发展和责任担当意识、实践创新能力等，这使学习目标更加聚焦，它直指学生应当具备的核心素养，使目标能够兼顾到最优化的核心素养组合。

从"动物园保护区项目"看澳大利亚跨学科教育的推进

方凌雁 [①]

在澳大利亚，被誉为体现未来教育改革方向的《墨尔本宣言》中，明确提出"跨学科教学"的概念，并单独将之列为与学习领域、核心能力并列的课程设置目标，这足见澳大利亚教育部对跨学科课程的重视。澳大利亚如何有效推进跨学科教育，教育是怎么样的？和中国的跨学科课程比较，有何优劣？2017年，受浙江省教育厅委派，在澳大利亚维多利亚州的莫纳什大学的12天研修期间，我们对此问题进行了学习思考。

一、跨学科教育：一个与学科并列的学习领域

1. 被纳入课程设置规划的跨学科学习

澳大利亚课程设置组成包括学科领域、基本能力、跨学科教学三个部分。其中，跨学科教学主要包括：原住民及托雷斯岛民文化、亚洲文化与澳大利亚、可持续发展能力三个领域。前两个领域和澳大利亚自身的移民文化和国家发展战略有关，可持续性发展教育主题则源于联合国教科文组织的提法。这些项目的构建除了需要学校内部的跨学科视角，更需要优先考虑在地区间构建与学校和社区的联系。在"中澳课程介绍与比较"的专题讲座上，Libby Tudball 副教授重点推介了一个跨学科学习项目——维多利亚动物园项目。

动物园项目，应该类似中国学校的传统春秋游项目吧！我国这几年努力进行课程化改造，一些传统的春秋游项目已经被纳入学校课程领域。那么，澳大利亚的动物园项目也是这样的吗？有什么值得我们借鉴的呢？"下周一去了你就会有进一步了解。"Libby Tudball 副教授如是说。

---

① 方凌雁，浙江省教育厅教研室综合实践活动课程教研员。

2. 学校课程体系中居然没有专门科目

仔细研析 Libby Tudball 副教授的讲座后我们发现，澳大利亚的基本课程为英语，数学，科学，人类学及社科（历史、地理、商业、公民），艺术，语言，体育教育与健康，信息网络设计。此外还有丰富多彩的选修科目，但找不到类似中国综合实践活动课程那样的跨学科活动课程。课间，我询问了在场的陈博士。

"是的，没有独立课程，只能纳入学科领域。"陈博士的回答甚是干脆，"推进跨学科领域项目，会遇到一些阻力，许多老师会说，这个与我有什么关系呢？我的任务是学科教学。甚至有人在网上留言，认为学校的任务是教授学科基础知识，跨学科学习不是重点。"这让我想到了日本教育系统内关于综合学习时间课程设置争议的文章。看来，跨学科领域的学习进入学校课程领域在世界各国都会有一些阻力。

"在中国，有综合实践活动课程，从国家课程设置角度承认并确保了跨学科教育的独立课程路径，但也面临着如何保证这样的课程不折不扣地被学校执行的问题。"我如是说。

"一些老师在学科领域还是做了些努力的。那个动物园项目，也许可以给你启示。"陈博士的回答让我对下一阶段关于此领域的观察有了方向和重点。

二、学科实施路径：跨学科教育的学科课堂观察

学科领域的跨学科教学如何实现？在接下来几天的进校学习中，一节科学课、一节人文课解答了我的疑问。

1. 一节关于遗传与健康的研究课题展示课

7 年级的科学课是在格伦沃弗利中学考察参观时听的。上课伊始，学生便走上讲台打开课件，开始有条不紊地轮流讲演。这是关于疾病与健康的学生研究成果汇报课。第一组的三个学生，一个来自澳大利亚，另外两个分别来自亚洲和非洲，三个不同肤色的小女生轮流从生物学的细胞原理、现有治愈方法、社会认识等不同角度进行深度分析，合作展示很成功。第二组都是亚洲学生，也遵循了这样的程序，主要是学生汇报和答疑，提问者是在座的科学老师。

身边陪我听课的中国学生告诉我，课堂演讲是澳大利亚课堂学习的常态。"从小学开始就这样，不断地合作演讲。"而这个主题的研究任务在学习这个单元时就布置了，学生组成三人小组后，在学习新知识过程中进行项目的准备，并利用课余时间进行项目讨论，而教师也会有意在课堂上安排两个课时供学生围绕项目进行合作学习。今天的课堂是项目展示，每节课展示两组，一个班需要 3~4 节课完成全部展示。

遗传和健康的问题研究，涉及伦理和社会发展等内容，很容易和可持续发展主题项目目标对接。我想，这应该是澳大利亚教授们心目中理想的将跨学科目标融入学科教学的样例吧，其核心纽带是主题聚焦和项目研究。

2. 一节关于全球化问题的人文课

在东唐卡斯特中学访问时，再次听到一节跨学科教学课——关于全球化问题的讨论。课堂上，教师引导学生讨论全球化带来的问题和好处。如劳动力就业、经济、社会等问题，并引导学生聚焦对某运动服饰品牌做具体分析，学生在课堂上自主交流、讨论，并填写教师给予的讨论任务单，包括全球化给发展中国家带来的经济好处和坏处的罗列及对比分析。

"是否所有学科教师都愿意做？是否有学科教师会认为这样的学习对于本学科而言意义不大，或者不愿意拿出课时来关注这些主题？"为了印证之前陈博士的观点，我把这个问题抛向了学校。校方的回答是："我们正在努力让更多的老师认同和接受。"看来，学科融入跨学科的确任重道远。

三、动物园项目：真实情境聚焦的跨学科项目

走近动物园项目已经是第六天，这是个聚焦可持续发展的跨学科项目。在动物园最具澳大利亚地域特征的考拉区，我们看到了"将来的你能看到未来吗？"的宣传语，还有变身环保大使的考拉，用文字呼吁"我承诺一定用100% 可回收的厕纸"。动物园的可持续性发展理念和环保主张一目了然。

Zoos Victoria-Education for Conservation
维多利亚动物园－保护教育

Provide students with the most unique learning opportunities available.
为学生提供最独特的学习机会

Unique Experiences
独一无二的体验

Pedagogy
教学法

Experiences that demonstrate a purposeful combination of best practice teaching and learning strategies.
展示了有针对性的最佳实践教学与学习策略相结合的经验

Curriculum
课程

Conservation Science
保护科学

Brings curriculum to life through genuine case studies and opportunities.
透过真实的案例研究和机会将课程引入日常生活

Access to the most innovative and authentic conservation opportunities.
接近最有创造性和真实的保护机会

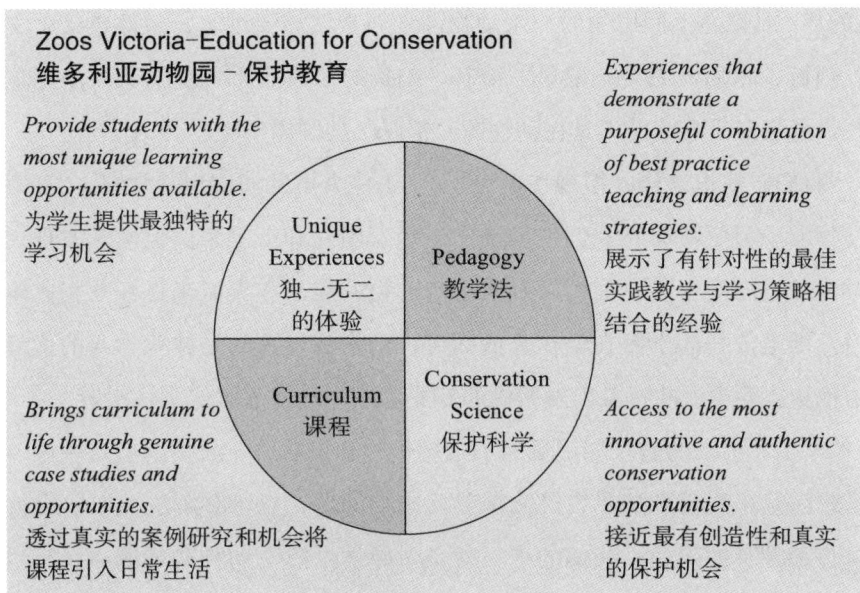

1. 每天要模仿多次鸟类的工作人员

接待我们的是两位动物园里的教育工作者。沿途，一大批学生正在动物园进行项目学习。两位教育工作者指引我们观察那位戴着黄色禽类头饰、卖力地模仿着小鸟的翅膀动作、努力摆着双臂并向孩子们介绍着什么的工作人员。"他是专门负责带学生体验、学习鸟类的教育项目工作者，每天，他都得重复这样的动作和语言。"我们笑了，想着这位可爱而敬业的教育工作者每天充满乐趣却也不免单调地工作着，为他的爱心和责任感感叹不已。

2. 你们会让学生带着纸笔来动物园吗

学生在动物园短暂集中后，就是分组活动。我们观察了一下，基本是一位工作人员带着 4 名学生组成一组。"接下来，老师会带着这一组的孩子去观察和研究，这样的配置，老师的指导会比较到位！"果然还是人少的优势，想到国内 2~3 位老师一起带 40~50 个学生考察的情况，4~5 人配置一位老师确实有些奢侈。

"你们那里会让学生带着纸笔来进行动物园项目学习吗？"当动物园工作人员听说动物园考察也是中国学生的必修项目时，冷不丁冒出了这样一句话。

"会的！"回答是不假思索的。来动物园学习当然需要纸笔，最好再带上文件夹、画板、照相机之类，记录、绘制、拍摄的工具必不可少。我眼前浮现了那些带着诸多研究辅助工具在动物园"忙碌"的国内学生学习的情景。

"我们以前也这样，但现在不会了。"工作人员的回应出乎意料。"办第一期动物园项目学习时，我们也鼓励学生带着图书和纸笔来。但渐渐发现，其实学生并不需要这些，他们可以通过与动物的互动和交流来更好地完成体验学习。纸笔依托的学习在学校完成即可，动物园发挥的是体验学习的优势。"听了他从体验学习的特点出发所做的专业论述，我们都对他刮目相看。

"学生要追求的是长期记忆而不是短暂的知识获取，我们期望每一位学生到动物园是来发现和展示自己之前学习中的问题，思考和解决关于环境教育和可持续教育的问题。我们的项目就是引导学生感受动物和环境，在与动物的亲密接触中加深体验。我们的教学方法就是期望和学生不断地互动、交流。同时，期望学生在动物园旅程中，自己控制学习进程，自己选择项目，进行自我管理。"此话引发了大家的思考。

3. 两位动物园内的专业教育工作者

来到专门的研讨活动场地，我们和两位工作人员有了更深入的讨论。"我是中学教师，有教师资格证。我的专业是环境教育。"自我介绍后，工作人员介绍了维多利亚动物园保护濒临灭绝动物的教育项目。另一位有中学地理教学背景的工作人员也介绍了自己所承担的教育任务，包括如何通过校内外合作的模式，把动物园项目及环保教育理念带给更多学校，支撑学校教育的做法。"我们期待培养独立、积极的公民：表现出积极的环境价值；对环境问题有深刻的理解、可以付诸行动去保护野生生命以及野外的场所。""我们试图把学生培养成为环境教育的领导者，让他们真正为保护濒临灭绝的动物做出贡献。"两位教育工作人员如是说。他们的介绍，让我们从课程目标、课程体系构建、学与教的方式、课程的实施策略和评估方式及学校合作机制等方面，对澳大利亚跨学科项目有了系统的了解。

四、在差异比较中我们可以做什么

关注跨学科领域是教育综合化的国际趋势。在差异对比中，带给我们的启示是什么呢？对比澳大利亚没有把跨学科学习单独列为独立课程的做法，我们以为，中国的课程顶层设计更为合理完善。在跨学科主题学习的推进中，两国都很强调使用社会资源为跨学科主题学习提供支持，但澳大利亚的社会资源利用还属于第三方合作。在中国，2016 年教育部等 11 部门发布《关于推进中小学生研学旅行的意见》，2017 年教育部印发《中小学综合实践活动课程指导纲要》，从制度上为我国跨学科实践学习活动提供了有力的保障。

尽管从课程制度角度看，中国的综合实践活动课程设计有其独特的优势，但我们也应认识到，推进跨学科学习更多还需要依托专业实践项目的支持，而在这方面，澳大利亚有以下五个方面值得借鉴。其一，以动物园项目为例，更多地考虑到学生的年龄特点，重视引导低年级学生做跨学科项目学习，对于高年级学生则更关注科学探索。其二，有教育背景的专门教育工作者使项目的实施更具有教育意义。其三，项目自身的完整性。金字塔的学习目标，严密的数据反馈和分析，多样的组织形式，游戏化的活动方式，构成了一个完整的课程体系。其四，强调体验式学习，不强调学生的纸笔的学习，这样的设计和组织有一定的意义。要求学生学习前有所准备，提前了解相关的资料和信息，与在校内的体验学习同时进行。其五，重视学生学习的反馈，分析学生在这种体验学习中获得了什么，建立了体验学习的评估体系。

为应对未来不可预知的挑战，我们需要有一种超越单纯的学科的视角，用相互理解和联系的方式对世界进行认识和理解。因此，未来的学校教育，一方面要加强基础性学科的学习，另一方面则需要引导学生把各学科分条块的知识转变为对世界的相互联系的探究与理解的跨学科学习。无论是澳大利亚艰难前行的学科领域的跨学科推进，还是如动物园保护区这样独立于学校课程体系之外、基于真实情境的跨学科项目，都为我们展示了从学科走向跨学科、从课堂走向生活的跨学科学习的路径和方向，这一点，我们殊途同归。